Fulkaneli

MISTERIJA KATEDRALA

Kolekcija
PEČAT

Urednik
SIMON SIMONOVIĆ

Na koricama

Naslovnica (sl. 31) : Kapela svetog Tome Akvinskog – *Simbolički grb* (XIII vek)

Poleđina (sl. 32) : Sveta kapela u Parizu – *Pokolj nevinih*

FULKANELI

MISTERIJA KATEDRALA

Ezoteričko tumačenje hermetičkih simbola Veledela

Preveo
JOVICA AĆIN

RAD

Izvornik

Fulcanelli
Le Mystère des Cathédrales
et l'interprétation ésotérique des symboles hermétiques
du grand œuvre

© Paris, Societé Nouvelle des Éditions J.-J. Pauvert, 1964
© Beograd, Rad, 2007

Frontispis naslikao Žilijen Šampanj, fotografske ilustracije
većinom od Pjera Zahana

MISTERIJA KATEDRALA

Frontispis : Sfinga, zaštitnica i vladarica Nauke

Bratstvu Heliopolis

SADRŽAJ

Misterija katedrala	11
Pariz	73
Amijen	163
Burž	188
Kružni krst u Endaji	231
Zaključak	243
Popis slika	247
O autoru i njegovoj misteriji	251

MISTERIJA KATEDRALA

1

Najjači utisak iz naše prve mladosti – imali smo sedam godina – kojeg se još živo sećamo, bila je emocija izazvana, u našoj detinjoj duši, izgledom gotske katedrale. Bili smo smesta ushićeni, zaneseni, obuzeti divljenjem, nesposobni da se otrgnemo od privlačnosti čudesnog, od magije veličanstvenog, ogromnog, vrtoglavog, koja je izbijala iz tog više božanskog nego ljudskog dela.

Otada, vizija se preobrazila, ali je utisak ostao. Pa ako su okolnosti i preinačile spontani i patetični karakter prvog susreta, nikada se nismo mogli odbraniti od svojevrsnog zanosa pred tim nad portalima podignutim slikovnicama čiji listovi od oblikovanog kamena sežu do neba.

Na kojem jeziku, kojim sredstvima bismo mogli da im izrazimo naše divljenje, da im posvedočimo našu zahvalnost, sva iskrena osećanja koja ispunjavaju naše srce? Kako da – za sve što su nas naučili da uživamo, spoznajemo, otkrivamo – zahvalimo tim nemim remek-delima, tim majstorima bez reči i bez glasa?

Bez reči i bez glasa? – Ma šta pričamo? Ako su te kamene knjige već sa skulpturisanim slovima, sa bareljefnim rečenicama, s lučnim mislima, one ne govore manje duhom, neprolaznim, koji zrači s njihovih stranica. Jasnije od njihove mlađe braće, rukopisa i štampanih tabaka, one nad njima imaju prednost da prevode samo jedan, jedinstveni, apsolutni smisao, po izrazu jednostavan, po interpretaciji čedan i živopisan, smisao pročišćen od finesa, aluzija, književnih dvosmislenosti.

„Jezik kamenja kojim govori ta nova umetnost" – veli nam s mnogo istinitosti Kolfs[1] – „u isti mah je jasan i uzvišen. Ona podjednako govori duši najsmernijih i duši najobrazovanijih. Kakav je samo uzbudljiv jezik ta gotika kamenja! Tako uzbudljiv, u stvari, da pesme Orlanda iz Lasusa ili Palestrine, Hendlove ili Freskobaldijeve kompozicije za orgulje, orkestarska dela Betovena ili Kerubinija, kao i, veće od svega toga, jednostavno i vedro gregorijansko pojanje, možda jedina istinska pesma, mogu jedino da pridodaju emocijama koje sama katedrala već izaziva. Nesrećni su oni koji ne vole gotsku arhitekturu, ili ih makar oplakujmo kao one koji su lišeni srca."

Svetilište Tradicije, Nauke i Umetnosti, gotska katedrala ne sme biti posmatrana jedino kao rad posvećen slavi hrišćanstva, nego pre kao utelovljenje ideja, stremljenja, elemenata vere rasprostrtih među ljudima, kao savršena celina kojoj se možemo obraćati a da ipak

---

[1] J. F. Colfs, *La Filiation généalogique de toutes les Ecoles gothiques*, Paris, Baudry, 1884.

nikada ne prodremo u religijsku, laičku, filozofsku ili socijalnu misao naših predaka.

Odvažni svodovi, otmenost lađa, raspon srazmera i lepota izvedbe čine od katedrale originalno delo neuporedive harmonije, ali koje, izgleda, upražnjavanje kulta nije kadro da u potpunosti ispuni.

Ako, s jedne strane, sabranost, pod spektralnim i polihromnim svetlom iz visokih prozora s obojenim oknima, i tišina pozivaju na molitvu, pripremaju nas za meditaciju, s druge strane, u svojoj izvanrednoj snazi, sklop, struktura i ornamentacija izlučuju i reflektuju manje utešne senzacije, duh više laički i, recimo, bezmalo paganski. U tome je mogućno raspoznati, osim plamenog nadahnuća iznedrenog iz jedne jake vere, hiljadu preokupacija velike narodne duše, afirmaciju njene svesti, njene volje, sliku njene misli kad joj sagledamo složenu, apstraktnu, suštinsku, suverenu stranu.

Ako u zdanje dolazimo da bismo prisustvovali bogosluženju, ako ulazimo u nekoj posmrtnoj povorci ili u veseloj procesiji o velikim praznicima, komešamo se tamo i drugim povodima. Tamo se održavaju i politički skupovi kojima predsedava biskup, raspravlja se o cenama žita i stoke, suknari utvrđuju kurs tekstila, ljudi tamo hitaju da bi našli podršku, zatražili savet, zamolili oproštaj. Jedva da ima nekog zanatskog udruženja koje tamo ne proslavlja majstorski rad svog novog člana i da se tamo ne skupljaju, jednom godišnje, pod okriljem svog sveca zaštitnika.

Mnoge ceremonije, veoma privlačne za gomilu, održavane su tamo tokom divnog srednjovekovnog razdoblja. Bio je *Praznik luda*, ili mudraca, procesijski hermetički kermes koji je kretao od crkve sa svojim papom, svojim dostojanstvenicima, svojim zanesenjacima, svojim narodom – narodom Srednjeg veka, bučnim, vragolastim, lakrdijaškim, prepunim životne snage, zanosa i žara – i razmileo se gradom... Kakva je to tek bila razveseljavajuća satira na račun neznaličkog sveštenstva, potčinjenog autoritetu *prerušene Nauke*, satrvenog pod bremenom neke nedodirljive superiornosti. Ah, Praznik luda, s njegovim dvokolicama *Trijumfa Bahusa*, u koje su upregnuti kentaur i kentaurka, goli kao i sam bog, u pratnji velikog Pana; opsceni karneval koji zaposeda sveto zdanje! Zamislite samo, nimfe i najade izlaze s kupanja; olimpska božanstva bez oblaka i bez plašteva: Junona, Dijana i Latona zakazuju sastanak u katedrali da bi slušale misu! A tek kakvu misu! Komponovao ju je inicijat Petar od Korbeja, nadbiskup Sansa, po paganskom ritualu, i tokom koje se pastva, 1220. godine, odaziva bahanalijskim kricima radosti: Evoe, Evoe! – A učenjaci delirično uzvraćaju:

Haec est clara dies clararum clara dierum!
Haec est festa dies festarum festa dierum![1]

---

[1] Nek je ovaj dan slavljen nad ostalim slavama!
Nek je ovaj dan praznik nad ostalim praznicima!

15

Sl. 1 : Bogorodica od Ispovesti, Crna devica iz kripti Svetog Viktora u Marselju

Bila je i *Magareća slava*, gotovo jednako raskošna kao i *Praznik luda*, s trijumfalnim ulaskom, ispod svetih lukova, *Majstora Aliborona*, čija su kopita nekada odzvanjala pločnikom jevrejskog Jerusalima. Naš slavni Hristonosac bio je tu veličan tokom naročitog služenja u kojem mu je pripisivana, po rečima poslanice, *ona magaračka snaga koja je Crkvu nagradila zlatom Arabije, tamjanom i smirnom zemlje Sabe*. Tu je grotesknu parodiju sveštenik, nesposoban da je shvati, prihvatao ćutke i glave pognute pod gromoglasnim smehom tih *mistifikatora iz zemlje Sabe* ili *Kabe*, to jest kabalista lično! I baš nam dleto majstora živopisaca toga doba potvrđuje ove neobične šaljive proslave. U stvari, u lađi Bogorodičine crkve u Strazburu, piše Vitkovski[1], „bareljef na jednom od kapitela velikih stubova reprodukuje satiričnu procesiju u kojoj se izdvaja svinja sa škropionicom i praćena magarcima odevenim u svešteničke mantije i majmunima ukrašenim raznim religijskim atributima, kao i lisica zatvorena u ćivotu. To je *Lisičja procesija* ili *Magareća slava*". Dodajmo da istovetni prizor, iluminisan, figurira u rukopisu br. 5055, folio 40, u Nacionalnoj biblioteci.

Bilo je, konačno, bizarnih običaja u kojima se jasno nazirao, često u čistom obliku, izvesni hermetički smisao, i koji su se svake godine obnavljali i za pozornicu

---

[1] G. J. Witkowski, *L'Art profane à l'Eglise*, Etranger, Paris, Schemit, 1908, str. 35.

imali gotsku crkvu. Tako, na primer, *Bičevanje Aleluje*, pri čemu deca horisti energičnim udarcima biča isteruju svoje zujeće čigre *[sabots]*[1] iz lađa katedrala u Langru. Potom, *Karnevalska povorka Velikog posta*. Onda, *Šomonska đavolijada*. Procesije i gozbe *Dižonske pešadije*, poslednji odjek Praznika luda, s njegovom *Ludom majkom*, s rableovskim diplomama, s njegovim stegom na kojem se dva brata, glavom među kolenima, zabavljaju otkrivajući *svoje guzove*. Zatim, posebna *Igra pelota*, koja se izvodila unutar Svetog Etjena, katedrale u Okseru, i iščezla oko 1538. godine, itd.

2

Katedrala je gostoljubivo pribežište svim nevoljnicima. Bolesnici koji dolaze u Bogorodičinu crkvu u Parizu mole Boga da im olakša patnje, i tamo ostaju sve do svog potpunog isceljenja. Njima je dodeljena kapela, smeštena kod drugih vrata, i obasjana sa šest svetiljki. Tu oni provode noći. Tu im lekari daju savete, na samom ulazu u baziliku, oko škropionice. I tu Fakultet medicine, napustivši u 13. veku univerzitet da bi delovao nezavisno, drži predavanja, sve do 1454. godine, u

---

[1] Čigra koja je nalik slovu *Tau* ili *Krstu*. U kabali, *sabot* je ekvivalentan sa *cabot* ili *chabot*, *chat botté* [mačak u čizmama] iz *Priča moje majke Guske*. Kolač Epifanije sadrži ponekad *sabot* umesto boba.

Sl. 2 : Bogorodičina crkva u Parizu – Alhemija

vreme svog poslednjeg zasedanja koje je sazvao Žak Depar.

To je nepovredivo utočište proganjanih ljudi i grobnica uglednih pokojnika. To je grad u gradu, intelektualno i moralno središte, srce javne delatnosti, apoteoza misli, znanja i umetnosti.

Sa silnim procvatom njene ornamentacije, po raznolikosti tema i prizora koji je ukrašavaju, katedrala se javlja kao izuzetno kompletna i raznovrsna, čas bezazlena, čas otmena, svakad živa enciklopedija svih srednjovekovnih saznanja. Te sfinge od kamena su, tako, vaspitači, prvorazredni poučnici.

Mnoštvo narogušenih himera, groteski, smešnih i strašnih figura, obrazina, pretećih oluka – zmajevi, vukodlaci, taraske[1], psoglavi – sekularni je čuvar predačke baštine. Umetnost i nauka, nekada koncentrisane u velikim manastirima, izmakle su iz njihove izdvojenosti i slile se u katedralsko zdanje, okačile se o zvona, vrškove, podupirače lukova. Vise sa svoda, naseljavaju niše, pretvaraju okna u drago kamenje, a tuč u zvonku

---

[1] Taraska je zmajica čije se poreklo i boravište vezuje za grad Taraskon u francuskoj Provansi. O njoj postoje mnoga predanja, a neka od njih se još pričaju po tamošnjim krajevima. Ona je pola zver, a pola riba. Liči na šestonogog aligatora, ali može biti nalik i vučici. Osim u Svetom Trifunu u Arlu, njene prikaze možemo naći i u Avinjonu, Taraskonu, u crkvi Marije Magdalene u Eks-an-Provansu... (*Prim.prev.*)

vibraciju. Rasprostiru se portalima u veselom uzletu slobode i izraza. Ništa svetovnije od egzoterizma ove nastave, ništa ljudskije od tog obilja originalnih slika, živih, slobodnih, nemirnih, živopisnih, pokatkad haotičnih, uvek zanimljivih! Ništa uzbudljivije od tih mnogostrukih svedočanstava iz svakodnevnog života, o ukusu, idealima, instinktima naših očeva, ništa čarnije, naročito, od simbolizma drevnih alhemičara, obično prevođenim skromnim srednjovekovnim statuama! U tom pogledu, Bogorodičina crkva u Parizu, crkva filosofâ, neosporno je jedan od najsavršenijih uzoraka i, kako je to rekao Viktor Igo, „najbesprekorniji pregled hermetičkog znanja, za koje je crkva Svetog Jakova Klaničkog bila tako kompletan hijeroglif".

Alhemičari 14. veka sretali su se tamo, jednom nedeljno, na Saturnov dan, bilo u velikom tremu, bilo kraj Portala svetog Marsela, ili pak kod malih Crvenih vrata, dekorisanih salamandrima. Dionisije Zaharije nam kaže da se taj običaj upražnjavao čak i 1539. godine, „nedeljom i prazničnim danima", a Noel Difel veli da je „Bogorodičina crkva u Parizu bila veliko sastajalište tih akademičara"[1].

---

[1] Noël du Fail, *Propos rustiques, baliverneries, contes et discours d'Eutrapel* (gl. 10), Paris, Gosselin, 1842.

Tamo je, usred zasenjenosti oslikanim i pozlaćenim gotskim lukovima[1], nanizanim svodovima, timpanonima s višebojnim figurama, svaki izlagao rezultat svojih radova i razvijao konsekvence svojih istraživanja. Iznošene su verovatnoće, raspravljalo se o mogućnostima, na licu mesta je izučavana alegorija o veleknjizi, a najmanje živ deo tih sastanaka nikako nije bilo zamršeno tumačenje misterioznih simbola koji su ih okruživali.

Posle Gobinoa od Monluizana, Kambrijela i *tutti quanti*, poduhvatićemo se pobožnog hodočašća, govorićemo o kamenju i ispitivati ga. Eto, već kasnimo! Vandalizam Sufloa uništio je veliki deo onoga čemu se u 16. veku sufler[2] mogao diviti. I ako umetnost duguje neku zahvalnost arhitektima Tusenu, Žefrou Dešonu, Besvilvaldu, Viole-le-Diku i Lasusu koji su restaurisali baziliku, koju je Škola tako mrsko isprofanisala, Nauka nikada neće ponovo naći ono što je izgubila.

Kako god bilo, i uprkos tim žalosnim sakaćenjima, motivi koji su još ostali prilično su brojni da ne bismo

---

[1] U katedralama je sve bilo pozlaćeno i oslikano živim bojama. U to nas uverava tekst Martirijusa, jermenskog biskupa i putnika iz 15. veka. Taj autor kaže da je predvorje Bogorodičine crkve u Parizu bilo veličanstveno kao ulaz u raj. U njemu su bili viđeni purpur, rumen, azur, srebro i zlato. Još se mogu opaziti tragovi pozlate na vršku timpanona velikog portala. Predvorje crkve Svetog Germana Okseroa sačuvalo je svoje slike i azurni svod zlatom ozvezdan.

[2] Fr. *souffleur*, duvadžija, uobičajeni naziv za „alhemičara", s obzirom da je uvek morao, paleći ih, da duva u svoje peći pretapače; Fulkaneli se, inače, takvima podsmehuje (*prim. prev.*).

žalili vreme i trud za posetu. Smatraćemo se, dakle, zadovoljni i dobro nagrađeni za naš napor, ako bismo mogli da probudimo čitaočevu radoznalost, da zadržimo pažnju pronicljivog posmatrača i ljubiteljima okultnog pokažemo da nije nemogućno iznova naći smisao arkane skriven pod okamenjenom koricom čudesne knjige magije.

3

Pre svega, neophodno je da kažemo reč o terminu *gotski*, primenjenom na francusku umetnost koja nameće svoje propise svim tvorevinama Srednjega veka, i čiji uticaj zahvata period od 12. do 15. veka.

Neki su bili skloni, pogrešno, da njegovo poreklo vide u *Gotima*, starom narodu Germanije. Drugi su verovali da se tako, sugerišući nešto *varvarsko*, radi poruge, naziva forma umetnosti čija su originalnost i krajnja posebnost izazivali skandal u 17. i 18. veku; takvo je mišljenje klasične škole, prožete dekadentnim načelima Renesanse.

Istina, međutim, koja izlazi iz usta naroda, očuvala je izraz *gotska umetnost*, uprkos naporima Akademije da ga zameni izrazom *šiljata umetnost*. Postoji u tome izvesni tamni element koji bi morao da naše lingviste, neprestano u vrebanju etimologija, podstakne na razmišljanje. Otkuda, naime, da je tek nekoliko leksikologa naišlo na pravu etimologiju? – Naprosto zato što je

Sl. 3 : Bogorodičina crkva u Parizu – Alhemičar

objašnjenje moralo biti traženo u *kabalističkom poreklu* reči pre nego u njenom *doslovnom korenu*.

Neki pronicljivi autori, a manje površni, bili su zatečeni sličnošću koja postoji između reči *gotsko* [*gothique*] i *goetsko* [*goétique*], i pomislili su da mora postojati tesan odnos između *gotska umetnost* i *goetska* ili *magijska umetnost*.

Za nas, *gotska umetnost* [*art gothique*] tek je ortografska deformacija reči *argotsko* [*argotique*], čija homofonija je savršena, saglasna *fonetskom zakonu* koji, u svim jezicima i bez obzira na pravopis, vlada tradicionalnom kabalom. Katedrala je delo *art goth* ili *argot*. No, rečnici definišu *argot* kao „poseban jezik kojim govore pojedinci zainteresovani da međusobno saopštavaju svoje misli, a da ih pri tome ne razumeju oni koji ih okružuju". To je, dakle, *govorna kabala*. *Argoti*, oni koji koriste taj jezik, hermetički potomci su *argo-nauta*, onih koji su porinuli brod *Argo*, govorili *argotskim jezikom* – našim *zelenim jezikom* [*langue verte*, u srpskom je to šatrovački, šatro, šatrovac] – i otplovili na srećne obale Kolhide da bi tamo osvojili *Zlatno runo*. I danas se još kaže za veoma inteligentnog, ali i veoma lukavog čoveka: *on zna sve, razume argo*. Svi inicijati izražavali su se u *argou*, baš kao i skitnice s *Dvora čudesa*, s pesnikom Vijonom na čelu, te *frimasoni*, ili framasoni iz Srednjeg veka, „članovi Božje lože", koji gradiše *argotska* remek-dela da im se danas divimo. Upravo oni, ti *nauti* [mornari] graditelji poznaju put do Hesperidskog vrta...

I danas još, poniženi, bedni, prezreni, pobunjenici koji žude za slobodom i nezavisnošću, proskribovani, lutalice i nomadi govore argo, to prokleto narečje, prognano iz visokog društva, iz plemstva, koje je tako malo plemenito, iz sitog i samozadovoljnog građanstva, uvaljanog u hermelinsko krzno njihove ignorancije i taštine. Argo ostaje jezik pojedinaca, manjine koja živi izvan prihvaćenih zakona, konvencija, običaja, protokola, i koje nazivaju *mangupi* [*voyous*], to jest oni koji vide [*voyants*], kao i, još izražajnije, *sinovi* ili *deca sunca*. Gotska umetnost je, u stvari, *art got* ili *cot* (*Xo*), *umetnost svetlosti* ili duha.

Ovo su, pomislićete, puke *igre reči*. Prihvatamo. Suština je da one vode našu veru ka izvesnosti, ka pozitivnoj i naučnoj istini, koja je ključ religijske misterije, i ne dopuštaju joj da luta po kapricioznom lavirintu mašte. Nema ovde ni slučajnosti ni podudarnosti, niti nepredvidive veze. Sve je predviđeno, uređeno, regulisano, i nije na nama da po našoj želji preinačavamo nedokučivu volju Sudbine. Ako nam uobičajeni smisao reči ne omogućava nikakvo otkriće kadro da nas uzdigne, pouči, približi Tvorcu, reči su nekorisne. Takva reč, izgovorena, koja čoveku obezbeđuje neospornu nadmoć, suverenost koju poseduje nad svim što je živo, gubi svoju plemenitost, veličinu, lepotu, i samo je žalosna taština. No, jezik, instrument duha, iako je tek odraz univerzalne Ideje, ima sopstveni život. Ništa ne izmišljamo, ništa ne stvaramo. Sve je u svemu. Naš mikrokozam samo je beskrajno mala, živa, misleća, više ili manje nesavršena čestica makrokozma. Ono što verujemo da nalazimo jedino naporom svoje inteligencije, već negde postoji. Vera nam daje predosećanje onoga što jeste; otkrovenje nam za to nudi apsolutni dokaz. Često prolazimo pored fenomena, ili čak čuda, a da ga ne zapažamo, slepi i gluvi. Kakva bismo čudesa, kakve netaknute stvari tek otkrili ako bismo umeli da rastavljamo reči, lomimo njihovu ljusku i oslobađamo duh, božansko svetlo koje one sadrže! Isus se izražavao jedino u parabolama; možemo li da poreknemo istinu koju nam one prenose? I u običnom razgovoru, nisu li dvosmislenosti, približnosti, kalamburi ili asonance karakteristične za *ljude od duha*, srećne da izmaknu tiraniji *doslovnog*, i tako se pokazuju kao kabalisti a da to i ne znaju?

Dodajmo, najzad, da je *argo* jedan od izvedenih oblika *jezika ptica*, majke i čelnice svih drugih, jezika filosofa i *diplomata*. To je jezik koji Isus otkriva svojim apostolima, predajući im svoj duh, *Sveti duh*. To je onaj koji poučava o misteriji stvari i razotkriva najskrovitije istine. Drevne Inke su ga nazivali *Dvorski jezik*, zato što je bio blizak *diplomatama*. Njima je on davao ključ za *dvostruku nauku*: nauku svetu i nauku profanu. U Srednjem veku je za njega govoreno *Vesela nauka* ili *Veselo znanje*, *Jezik bogova*, *Bogo-Boca*.[1] *Život Gargantue i Pantagruela* Fransoa Rablea jeste ezoteričko delo, roman u

---

[1] Fr. *Dive-Bouteille*, božanska Boca, po prevodu Stanislava Vinavera, Boca koja proriče sudbinu i s kojom završava Rableovo delo (*prim. prev.*).

Sl. 4 : Bogorodičina crkva u Parizu – Misteriozna fontana podno Starog hrasta

argou. Dobri paroh iz Medona otkriva se u tom delu kao veliki inicijat, i uz to prvorazredni kabalista. Tradicija nam potvrđuje da su ga ljudi govorili pre izgradnje *Vavilonske kule*, uzroka njegovog iščašenja i, u većini čovečanstva, totalnog zaborava tog svetog idioma. Danas, osim u argou, njegov karakter nalazimo u nekim lokalnim jezicima, kao što su pikardijski, provansalski itd., i u ciganskom jeziku.

Po mitologiji, čuveni vidovnjak Tiresija[1] je savršeno poznavao *jezik ptica*, kojem ga je podučila Minerva, boginja *Mudrosti*. On ga je, veli se, podelio s *Taletom iz Mileta, Melampom* i *Apolonijem iz Tijana*[2], fiktivnim likovima čija nam imena govore rečito, u nauci koja nas zanima, i prilično jasno da bi bilo potrebe da ih analiziramo na ovim stranicama.

4

Uz retke izuzetke, plan gotskih crkvi – katedrale, opatije ili kolegijumske crkve – sledi oblik latinskog krsta položenog na tlo. Ali, *krst je alhemijski hijeroglif topionič-*

---

[1] Tiresija je, po predanju, izgubio vid zato što je smrtnicima otkrio tajne Olimpa. Živeo je, ipak, „sedam, osam ili devet čovečjih vekova" i za to vreme je, naizmenično, bio muškarac i žena!

[2] Filosof čiji je život, ispunjen legendama, čudima, čudesnim delima, izgleda tek hipotetičan. Ime ovog lika, maltene bajkovitog, čini nam se da je samo mito-hermetička slika smešanih ostataka, ili *filosofski rebis*, realizovan sjedinjavanjem brata i sestre, Gabricija i Beje, *Apolona i Dijane*. Otuda čuda koja nam priča Filostrat, budući hemijskog reda, ne bi smela da nas iznenađuju.

kog lonca [creuset], koji se nekada nazivao *cruzol, crucible* i *croiset* (prema Dikanžu, u vulgarnom latinskom, *crucibulum*, lonac za topljenje, ima za koren *crux, crucis*, krst).

U loncu, u stvari, prvobitna materija, poput samog Hrista, trpi Muku; u loncu ona umire da bi zatim uskrsla, pročišćena, spiritualizovana, već preobražena. Uostalom, ne izražava li narod, verni čuvar usmenih predanja, ljudsko iskušavanje na zemlji religijskim parabolama i hermetičkim poredbama? – *Nositi svoj krst*, izdržati svoju kalvariju, *proći kroz lonac* egzistencije; u ovim svakodnevnim izrekama opet nalazimo isti smisao izražen istim simbolizmom.

Ne zaboravimo da će se oko *svetlosnog krsta*, što ga je Konstantin video u snu, pojaviti sledeće reči, koje je on dao da se ispišu u njegovom *geslu*: In hoc signo vinces, *Pobedićeš pod ovim znakom*. Setite se i, braćo alhemičari, da *krst nosi otisak tri klina* koja su poslužila za žrtvovanje Hrista-telesne materije: slika triju pročišćenja železom i vatrom. Promislite takođe ovo jasno mesto kod svetog Avgustina, u njegovoj *Raspri s Trifonom* (*Dialogus cum Tryphone*, 40): „Misterija *jagnjeta* čije žrtvovanje je Bog naložio za Uskrs", kaže on, „bila je *figura* Hrista, u kome oni koji veruju nalaze svoje boravište, to jest u sebi samima, svojom verom u njega. Ali, *to jagnje*, za koje zakon propisuje da se *ispeče u celosti*, bilo je *simbol krsta* kojeg je Hristos morao da pretrpi. Jer, jagnje, da bi bilo pečeno, namešteno je tako da prikazuje krst: jedna od grana krsta probija ga skroz, od donjih ekstremiteta do glave, druga grana mu prolazi kroz gornji deo grudi i drži jagnjetove prednje noge (na grčkom je to rečeno: *ruke*, Χεἱρες)."

Krst je pradrevni simbol, korišćen u svim vremenima, u svim religijama, kod svih naroda, i pogrešili bismo da ga smatramo nekim posebnim amblemom hrišćanstva, kako to više nego opširno pokazuje opat Anso.[12] Kazaćemo čak da plan velikih religijskih zdanja u Srednjem veku, uključivanjem polukružne ili eliptične apside spojene s horom, pretpostavlja oblik egipatskog hijeratskog znaka *krsta s petljom*, zvanog *ank*, koji označava *Univerzalni život* skriven u stvarima. Primer za to je mogućno videti u muzeju Svetog Germana na Proplanku, na hrišćanskom sarkofagu koji potiče iz kripti Svetog Onorata kod Arla. S druge strane, hermetički ekvivalent znaka *ank* jeste amblem *Venere* ili *Kipris* (na grčkom, Κὑπρις, nečista), tj. onečišćeni bakar kojeg su izvesni, da bi još više ogoleli smisao, prevodili sa *tuč* i *mesing*. „Izbeli mesing i spali svoje knjige", ponavljaju nam svi dobri autori. Κὑπρος je ista reč kao Σουφρος, *sumpor*, koja ima značenje đubreta, balege, đubrišta, smeća. „Mudar će naš kamen naći ma i na đubrištu", piše Kosmopolita, „dok neznalica neće moći poverovati ni da je u zlatu."

[12] M. l'abbé Ansault, *La Croix avant Jésus-Christ*, Paris, V. Rétaux, 1894.

Sl. 5 : Bogorodičina crkva u Parizu – Alhemičar štiti atanor od spoljašnjih uticaja

I tako nam plan hrišćanskog hrama otkriva svojstva prvobitne materije, i njene pripreme, putem *znaka Krsta*. A to, za alhemičare, okončava s dobijanjem *Prvog kamena*, ugaonog kamena Veledela[1] filosofa. Na tom *kamenu* je Isus podigao svoju Crkvu, a srednjovekovni framasoni simbolički su sledili božanski primer. Ali, pre nego što je *otesan* da bi poslužio za osnovu u radu gotske umetnosti, kao delu filosofske umetnosti, sirovom kamenu, nečistom, materijalnom i grubom, pripisivana je *slika đavola*.

Bogorodičina crkva u Parizu posedovala je sličan hijeroglif, koji se nalazio ispod ikonostasa, na uglu ograde hora. Bila je to figura đavola dok otvara ogromna usta i u kojima su vernici gasili svoje sveće, pa je, tako, izvajani kameni blok izgledao prljav od pokapalog voska i crn od dima. Narod je tu priliku zvao *Meštar Petar od Roglja*, što je neprestano zbunjivalo arheologe. Ali, ta figura, namenjena prikazivanju početne materije

---

[1] *Le Grand Œuvre* (fr.) – središnji pojam u alhemiji, *Opus Magnum* (lat.), Veledelo, Velika mena... Cela alhemija teži tom ključnom poduhvatu u transmutaciji materije, koja je obavezno praćena i radikalnim preokretom u samome duhu alhemičara (odnosno adepta alhemije, privrženika, inicijata, filosofa, učitelja, mudraca, umetnika, kako ih već sve naziva Fulkaneli u ovoj knjizi). Materijalna transmutacija je tu samo etapa u duhovnoj transmutaciji, postignuću Filosofskog kamena, Kamena mudrosti, suštinskom vidokrugu prosvetljenja kome streme sva ezoterička znanja sa alhemijom na čelu. (*Prim. prev.*)

Sl. 6 : Bogorodičina crkva u Parizu – Gavran / Truljenje

Dela, personifikovana u aspektu *Lucifera* (*koji donosi svetlost – jutarnja zvezda*), bila je simbol našeg *ugaonog kamena, kamena od ćoška, kamena temeljca od roglja*. „Kamen kojeg zidari odbaciše", piše Amiro[1], „postao je *kamen temeljac od ćoška*, na kojem počiva cela struktura zdanja; ali koji je kamen spoticanja i kamen srama o koji se oni satiru u svojoj ruševini." Što se tiče tesanja ovog ugaonog kamena – pod tim mislimo na njegovu pripremu, mogućno ju je videti na istinski divnom bareljefu iz toga doba, skulpturisanom na spoljašnjoj strani zdanja, na apsidalnoj kapeli koja gleda na Ulicu Cloître-Notre-Dame.

5

Dok je dekorisanje izbočenih delova bilo rezervisano za *slikoklesara* [*tailler d'imaiges*, skulptor], na keramičara je čekalo ornamentisanje tla u katedralama. Ono je obično bilo popločano, ili kaldrmisano pločicama od pečene gline, oslikanim i prevučenim olovnim emajlom. Ta je umetnost u Srednjem veku dostigla takvo savršenstvo da je istorijskim temama moglo biti obezbeđeno prilično raznolikosti u crtežu i boji. Korišćene su i višebojne mermerne kockice, onako kako su to radili vizantijski mozaičari. Među najčešće korišćenim motivima, vredi

---

[1] M. Amyraut, *Paraphrase de la Première Epître de saint Pierre* (II, V.7), Saumur, Jean Lesnier, 1646, str. 27.

Sl. 7 : Bogorodičina crkva u Parizu – Filosofska živa

navesti lavirinte koji su se pružali po podu do mesta preseka glavne lađe i pobočnih lađa. Crkve u Sansu, Remsu, Okseru, Sen-Kventinu, Poatjeu, Bajeu, sačuvale su svoje lavirinte. U crkvi u Amijenu, u središtu lavirinta, mogla se videti široka ploča sa inkrustiranom crtom od zlata i polukrugom od istog metala, prizor podizanja sunca iznad horizonta. Kasnije je zlatno sunce zamenjeno bakarnim suncem, da bi i potonje onda nestalo i nikada ničim nije bilo zamenjeno. Što se tiče lavirinta u Šartru, pučki zvanog *la lieue* [milja] (umesto *le lieu* [mesto]), i ocrtanog na pločicama lađe, on je sastavljen od čitavog niza koncentričnih krugova koji se prepliću jedni u drugima u beskonačnoj raznolikosti. U njegovom središtu se nekada videla borba Teseja i Minotaura. To je još jedan dokaz infiltracije paganskih tema u hrišćansku ikonografiju i, sledstveno, dokaz za očigledni mito-hermetički smisao. Zbog toga se, međutim, ne bi trebalo upuštati u ustanovljavanje ma kakve veze između tih slika i čuvenih tvorevina iz antike, lavirinata u Grčkoj i Egiptu.

Po rečima Marslena Bertloa[1], lavirint u katedralama, *Solomonov lavirint*, jeste „kabalistička figura koja se nalazi na početku nekih alhemijskih rukopisa, i koja je deo magijskih tradicija pripisanih Solomonovom imenu. To je niz koncentričnih krugova, prekinutih u izvesnim tačkama, tako da formiraju neobičnu i nerazmrsivu putanju".

---

[1] *La Grande Encyclopédie*, Art. Labyrinthe (Marcellin Berthelot), t. XXI, str. 703.

Slika lavirinta javlja nam se, dakle, kao amblematična za ukupan rad na Delu, s obe njegove prepreke: put koji valja slediti da bismo doprli do središta, gde se vodi opasna borba dveju priroda, i druga – staza koje umetnik mora da se drži da bi izišao. Tu mu je potrebna *Arijadnina nit*, ukoliko ne želi da zaluta u meandrima rada, ne uspevajući da otkrije izlaz iz njega.

Naša namera nije da napišemo, kako je to učinio Batsdorf, neku specijalnu raspravu koja bi poučila šta je *Arijadnina nit* koja je Teseju omogućila da izvrši svoj naum. Nego, oslanjajući se o kabalu, nadamo se da inteligentnije istraživače snabdemo s nekoliko potankosti o simboličkoj vrednosti čuvenog mita.

Arijadna [*Ariane*] je forma od *airagne* (araignée [pauk]), dobijena metatezom *i*. U španskom jeziku, *ñ* se izgovara kao *nj* [*gn*]; gr. ἀράχνη može se, dakle, čitati kao *arahné, arahni, arahgne*. Nije li naša duša pauk koji plete naše sopstveno telo? Ali, ta reč priziva još i druga oblikovanja. Glagol gr. αἴρω znači *uzeti, uhvatiti, zgrabiti, privući*; otuda gr. αἰρην je ono što uzima, hvata, privlači. Dakle, gr. αἰρην je *magnet*, svojstvo zatočeno u telu i koje Mudraci nazivaju svojom *magnezijom*. Nastavimo. Na provansalskom jeziku, železo se zove *aran* i *iran*, zavisno od narečja. To je masonski *Hiram*, božanski *Malj*, arhitekta Solomonovog hrama. Pauk se, među felibrima[1], naziva *aragno* i *iragno, airagno*; na pikardijskom jeziku, *arègni*. Uporedimo

[1] Felibri su bili članovi društva pisaca osnovanog 1854. godine radi očuvanja provansalskog jezika (*prim. prev.*).

sve to sa grčkim Σίδηρος, železo i magnet. Ta reč ima dva značenja. I to nije sve. Glagol gr. ἀρύω izražava *uzdizanje jedne zvezde koja izlazi iz mora*: otuda gr. αρυαν (aryan), *zvezda koja izlazi iz mora, diže se*; gr. αρυαν, ili *ariane*, jeste, dakle, *Orijent*, permutacijom vokala. Nadalje, gr. ἀρύω znači i *privlačiti*; pa je gr. αρυαν i *magnet*. Ako sada to uporedimo sa gr. ἀρύω, od kojeg je poteklo latinsko *sidus, sideris, zvezda*, prepoznaćemo naš *aran, iran, airan* u provansalskom, αρυαν u grčkom, *izlazeće sunce*.

Arijadna, mistički pauk, nestavši iz Amijena, ostavila je na podnim pločama hora samo trag svoje mreže...

Podsetimo se, uzgred, da je najčuveniji od antičkih lavirinata, lavirint iz Knosa na Kritu, kojeg je 1902. godine otkrio dr Evans sa Oksforda, bio nazivan *Absolum*. Zapazićemo, pak, da je ovaj izraz blizak *Apsolutu*, kako su drevni alhemičari označavali kamen mudrosti, filosofski kamen.

6

Apside svih crkvi okrenute su prema jugoistoku. Njihova fasada je okrenuta prema severozapadu, dok su bočne lađe, formirajući ruke krsta, usmerene od severoistoka ka jugozapadu. To je nepromenljiva orijentacija kojom se htelo da vernici i profani, ulazeći u hram sa zapada, ušetaju pravo do svetilišta koje gleda *na stranu sunčevog izlaska*, prema Orijentu, Palestini, kolevci hrišćanstva. Oni napuštaju mrak i idu prema svetlosti.

Sl. 8 : Bogorodičina crkva u Parizu – Salamander / Kalcinacija

Zbog toga rasporeda, od tri prozorske ruže koje ukrašavaju pobočne lađe i veliki trem jedna nikada nije obasjana suncem. To je severna ruža koja zrači s fasade leve pobočne lađe. Druga se kupa u podnevnom suncu; to je južna ruža, otvorena na krajnjem krilu desne pobočne lađe. Poslednja je osvetljena obojenim zracima sunca na zalasku; to je velika ruža, s portala, koja površinom i sjajem nadmašuje svoje pobočne sestre. Tako se, na čelnoj fasadi gotskih katedrala, razvijaju sve boje Dela, po kružnom procesu koji ide od tame, oličene u odsutnosti svetla i crnom bojom, do savršenosti jarkocrvene svetlosti, prelazeći preko bele boje, smatrane „srednjim pojasom između crnog i crvenog".

U Srednjem veku, središnja ruža [rozeta, prozor] na tremovima nazivala se *Rota*, točak. Međutim, *točak* je alhemijski hijeroglif za vreme neophodno za pečenje filosofske materije i, stoga, za ukupno pečenje. Podjarena, konstantna i jednaka vatra, koju umetnik održava danju i noću tokom ove operacije, iz spomenutog razloga nazvana je *vatra točka*. Ipak, osim toplote neophodne za rastapanje kamena filosofâ, nužan je još i drugi element zvani *tajna* ili *filosofska vatra*. To je poslednja *vatra*, izazvana običnom toplotom, koja *pokreće točak* i stvara razne fenomene što ih umetnik posmatra *u svojoj posudi*:

> Preporučujem ti da ideš ovim putem a ne drugim;
> Prati samo *tragove moga točka*.

Sl. 9 : Bogorodičina crkva u Parizu – Priprema Univerzalnog rastvarača

A da bi toplota bila svuda jednaka,
Ne silazi suviše zemlji i ne penji se odveć nebu.
Jer, penjući se odveć nebu, zapalićeš se,
Silazeći suviše zemlji, razbićeš se.
Ali, ako se održavaš na sredini svoga toka,
Staza će biti ravnija i put pouzdaniji.[1]

Ruža predstavlja, dakle, po sebi, delovanje vatre i njeno trajanje. Otuda su srednjovekovni dekorateri pokušavali da na svoje rozete prenesu pokrete materije uzburkane elementarnom vatrom, kao što se može primetiti na severnom portalu katedrale u Šartru, na ružama u Tulu, u Svetom Antoniju u Kompijenju itd. Učestanost vatrenog simbola u arhitekturi 14. i 15. veka, nesumnjivo karakterističnog za poslednji period srednjovekovne umetnosti, podstakla je da stil toga doba bude nazvan *Rasplamsala gotika*.

Neke ruže, amblematične za izvesne kompozicije, imaju posebni smisao koji još više naglašava svojstva te *supstance kojoj je Tvorac udario pečat* sopstvenom rukom. Taj *magijski pečat* ukazuje umetniku da je sledio pravi put i da je filosofska mikstura bila pripremljena saglasno *kanonu*. To je zrakasta figura, sa šest vrškova (*digamma*), zvana *Zvezda magâ*, koja zracima obasjava površinu štalskog đubreta, to jest sija iznad jasli u kojima počiva Isus, *Dete-kralj*.

---

[1] De Nuysement, *Poème philosophic de la Vérité de la Phisique Mineralle*, in *Traittez de l'Harmonie et Constitution generalle du Vray Sel*, Paris, Périer et Buisard, 1620 & 1621, str. 254.

Među građevinama na kojima su ozvezdane ruže sa šest krakova – kako se tradicionalno reprodukuje *Solomonov pečat*[1] – navedimo katedralu Svetog Jovana i crkvu Svetog Bonaventure u Lionu (portalske ruže), crkvu Svetog Žengua u Tulu, te dve ruže na Svetom Vulfranu u Abevilu, pa portal Kalenda katedrale u Ruanu, onda veličanstvenu plavetnu ružu Svete kapele itd.

Budući od najveće važnosti za alhemičara – nije li taj *znak* zvezda koja ga vodi i najavljuje mu rođenje Spasitelja? – bilo bi na mestu da ovde okupimo izvesne tekstove koji prizivaju, opisuju i objašnjavaju njegovu pojavu. Čitaocu ćemo prepustiti brigu da ustanovi sve korisne srodnosti, da koordinira verzije i izdvoji pozitivnu istinu kombinovanu sa legendarnom alegorijom u tim enigmatičnim fragmentima.

7

U svojim *Antiquitates rerum humanorum*, Varon podseća na legendu o Eneji, koji spasava svoga oca i svoje kućne bogove iz *Troje u plamenu* i završava, *posle dugih*

---

[1] *Convallaria polygonata*, obično zvana *Solomonov pečat*, naziv duguje svom stablu čiji je presek ozvezdan kao magijski znak pripisan kralju Izrailjaca, sinu Davidovom.

lutanja, na poljima *Lorente*[1], *kraju svoga putovanja*. Za to on iznosi sledeći razlog:

Ex quo de Troja est egressus Æneas, Veneris eum per diem quotidie stellam vidisse, donec ad agrum Laurentum veniret, in quo eam non vidit ulterius; qua recognovit terras esse fatales.[2] (Od odlaska iz Troje, *svakog dana i tokom dana, video je Venerinu zvezdu*, sve dok nije stigao na Lorentska polja, gde je više nije video, i to ga uveri da su to *zemlje označene prstom Sudbine*.)

Evo sada predanja izvučenog iz rada s naslovom *Setova knjiga* i o kojoj jedan autor iz 6. veka izveštava sledećim rečima[3]:

„Čuo sam neke osobe kako govore o Pismu koje, ma koliko malo izvesno, nije protivno veri i prijatno ga je čuti. Tamo se može pročitati da je postojao narod na Dalekom istoku, na obalama Okeana, kod kojega je bila Knjiga pripisana Setu, a koja je govorila o budućoj pojavi one zvezde i darovima namenjenim Detetu, a to predviđanje je bilo predavano generacijama Mudraca, sa oca na sina.

Oni među sobom izabraše dvanaest od najučenijih i najprivrženijim nebeskim misterijama, i pripremiše se

---

[1] [Fr.] *Laurente* [Laurentium], kabalistički – l'*or enté* [kalemljeno zlato].

[2] *Varro*, in *Servius, AEneid*, t. III, str. 386.

[3] *Opus imperfectum in Mattheum. Hom II*, pridruženo u *Œuvres de saint Jean Chrysostome, Patr. grecque*, t. LVI, str. 637.

Sl. 10 : Bogorodičina crkva u Parizu – Evolucija / Boje i procesi Veledela

na čekanje te zvezde. Ako bi neki od njih umro, njegov sin ili bliski rođak bio bi izabran na njegovo mesto.

Nazivali su ih, na njihovom jeziku, *Magi*, zato što su slavili Boga *u tišini* i šapatom.

Tokom svih godina, posle žetve, ti ljudi bi se penjali na brdo, na njihovom jeziku zvano *Brdo pobede*, na kojem je bila *pećina izdubljena u steni*, i prijatna za boravak zbog potoka i drveća koji su je okruživali. Došavši na to brdo, oni su se prali, molili se i hvalili Boga u tišini *tokom tri dana*. To su činili u *svakom naraštaju*, u iščekivanju neće li se, slučajno, ta *zvezda sreće* pojaviti za vreme njihove generacije. Tako, na koncu, *ona se pojavi, na tom Brdu pobede*, u vidu *malog deteta* i, pruživši im *figuru jednog krsta*, govoraše im, *poučavaše ih* i naloži im da pođu u Judeju.

Zvezda je išla ispred njih, i tako tokom dve godine, a ni hleba ni vode im nikada ne nedostajaše na njihovom putovanju.

O onome što su potom činili, izveštava se ukratko u Jevanđelju."

Figura zvezde će biti različita, prema drugome predanju iz nepoznatog doba[1]:

„Tokom putovanja, koje će potrajati trinaest dana, Magi niti predahnuše niti se založiše; nisu za tim ni osećali potrebu, a taj period im izgledaše dug tek jedan dan. Što su bliže bili Vitlejemu, zvezda je bivala sve sja-

---

[1] *Apocryphes*, t. II, str. 469.

jnija; *bila je u vidu orla*, koji je leteo kroz vazduh i mahao krilima; *iznad je bio krst.*"

Sledeće predanje, s naslovom *O stvarima koje će se zbiti u Persiji, od rođenja Hristovog*, pripisano je Juliju Afrikancu, hronografu iz 3. veka, mada se ne zna kojem vremenu ona istinski pripada[1]:

„Prizor se odigrava u Persiji, u hramu Junoninom (gr. Ηρής), kojeg je Kir podigao. Sveštenik objavljuje da je Junona začela. – Svi kipovi bogova, na tu vest, plešu i pevaju. – *Silazi jedna zvezda* i najavljuje rođenje *Deteta koje je Početo i Kraj*. – Svi kipovi padaju licem na zemlju. – Magi obznanjuju da je to Dete rođeno u Vitlejemu i preporučuju kralju da uputi poslanike. – Tada se pojavljuje *Bahus* (gr. Διονυσος), koji proriče da će to Dete isterati sve lažne bogove. – Magi odlaze, vođeni zvezdom. Dolaze u Jerusalim, sveštenicima obznanjuju rođenje Mesije. – U Vitlejemu, pozdravljaju Mariju, od jednog veštog roba naručuju njen portret s Detetom i smeštaju ga u svoj glavni hram, s natpisom: *Jupiteru Mitri* (gr. Διί Ηλίω – *bogu suncu*), *velikome Bogu, Kralju Isusu, persijsko carstvo čini ovu posvetu.*"

„Svetlost ove zvezde", piše sveti Ignacije[2], „nadmašivala je sve druge svetlosti; njen sjaj je bio neiskaziv, a njena novost takva da su oni koji su je gledali bili zaprepašćeni. *Sunce, mesec i ostale zvezde formirale su hor oko te zvezde.*"

---

[1] *Julius Africanus*, in *Patr. grecques*, t. X, pp. 97, 107.
[2] *Poslanica Efežanima*, gl. 19.

Hugino iz Barme, u *Praktikumu* uz njegov rad[1], koristi iste izraze u opisu materije Veledela, na kojoj se pojavljuje zvezda: „Uzmite *istinsku zemlju*", kaže on, „*dobro impregniranu zracima sunca, meseca i ostalih zvezda.*"

U 4. veku je filozof Halkidije – koji je, po rečima Mulakije, poslednjeg od njegovih izdavača, zagovarao klanjanje bogovima Grčke, bogovima Rima i stranim bogovima – sačuvao spomen na zvezdu Magâ i objašnjenje učenjaka o njoj. Pošto je govorio zvezdi koju su Egipćani zvali *Ahc* i koja najavljuje nesreće, on dodaje:

„Postoji i druga, svetija i štovanija povest koja potvrđuje da je *dizanjem izvesne zvezde* bilo najavljeno, ne nevolja i smrt, već silazak jednog štovanog Boga, radi milosti razgovora sa čovekom i dobiti u smrtnim stvarima. *Najučeniji* od Haldejaca, *videvši ovu zvezdu* dok su *noću* putovali, kao ljudi savršeno uvežbani u osmatranju nebeskih tela, iznašli su, kako se pripoveda, da je u pitanju *skorašnje rođenje nekog Boga*, te utvrdivši veličanstvo tog Deteta, uputiše mu najbolje želje koje dolikuju tako velikom Bogu. *To je vama znatno poznatije nego drugima.*"[2] – Halkidije se očigledno obraća nekom inicijatu.

---

[1] Huginus à Barma, *Le Règne de Saturne changé en Siècle d'or*, Paris, Derieu, 1780.
[2] Chalcidius, *Comm. in Timaeum Platonis*, c. 125, in *Frag. philosophorum graecorum* de Didot, t. II, str. 210.

Sl. 11 : Bogorodičina crkva u Parizu – Četiri elementa i dve prirode

Diodor iz Tarsa je čak eksplicitniji kada tvrdi da „ta zvezda nije bila od onih koje naseljavaju nebo, nego *izvesno svojstvo* ili *urano-diurnalna* (gr. θειοτέραν) *sila* (gr. δυναμίς), *koja je poprimila formu zvezde* da bi najavila rođenje Gospoda nad svima".[1]

Jevanđelje prema svetome Luki, 2:8-14:

„A u istom tom kraju pastiri su noćivali pod vedrim nebom, stražareći kod svoga stada. I anđeo Gospodnji im pristupi i *slava Gospodnja* ih obasja, te se veoma uplašiše. Anđeo im pak reče:

Ne bojte se; jer gle, javljam vam *dobru vest* koja će na radost biti svem narodu. Danas vam se u gradu Davidovom rodio Spasitelj koji je Hristos Gospod. I ovo vam je *znak*: naći ćete *dete povijeno u pelene gde leži u jaslama*.

I odjednom se sa anđelom stvori mnoštvo nebeske vojske hvaleći Boga i govoreći: Slava Bogu na nebesima i na zemlji mir među ljudima koji su po Božjoj volji."

Jevanđelje po svetome Mateju, 2:1-2, 7-11:

„A kada seIsus rodio u Vitlejemu judejskom za vreme kralja Iroda, gle, dođoše Mudraci sa istoka u Jerusalim, i rekoše: Gde je kralj Jevreja koji se rodio? – jer smo videli njegovu zvezdu na istoku i dođosmo da mu se poklonimo."

---

[1] Diodore de Tarse, *Du Destin*, in *Photius*, cod. 233; *Patr. grecque*, t. CIII, str. 878.

„Tada Irod dozva tajno Mudrace i ispita ih tačno *za vreme kada im se pojavila zvezda* i, poslavši ih u Vitlejem, reče:

Idite i ispitajte tačno o Detetu, i kada ga nađete – javite mi da i ja dođem da mu se poklonim.

A oni, poslušavši kralja, odoše; i, gle, zvezda koju videše na istoku, iđaše pred njima dok ne dođe i ne stade nad mestom gde beše Dete.

A kad videše zvezdu, veoma se obradovaše. I ušavši u kuću, videše Dete s Marijom, majkom njegovom; padoše ničice i pokloniše mu se, otvoriše svoja blaga i prinesoše mu darove, zlato, tamjan i smirnu."

Povodom stvari tako neobičnih i suočen s nemogućnošću da im uzrok nađe u nekom nebeskom fenomenu, zatečen misterijom koja nosi ove pripovesti, A. Boneti[1] se pita:

„Ko su ti Magi, mudraci, i šta valja misliti o toj zvezdi? Nad tim se, u ovome trenu, čude racionalni kritičari i drugi. Teško je odgovoriti na ta pitanja, budući da su i stari i moderni Racionalizam i Ontologizam, nalazeći sva svoja saznanja u sebi, zaboravili sva *sredstva pomoću kojih su drevni narodi Orijenta čuvali svoja iskonska predanja.*"

Prvi spomen te zvezde nalazimo u ustima Valamovim. Ovaj, rođen u Petoru na Eufratu, živeo je, po kazi-

---

[1] A. Bonnetty, *Documents historiques sur la Religion des Romaines*, t. II, str. 564.

vanju, oko 1477. godine pre Hrista, usred asirskog carstva na njegovim počecima. Prorok ili mag u Mezopotamiji, Valam uzvikuje:

„Kako bih kleo onoga koga ne kune Bog? I kako bih pretio onome kome Jehova ne preti? Počujte!... Vidim je, ali ne sad; gledam je, ali ne izbliza... *Zvezda će se dići iz Jakova* i izići će Žezlo iz Izrailja..." (*Brojevi*, 23:8, 24:17).

U simboličkoj ikonografiji, zvezda služi za označavanje podjednako začeća i rađanja. Majka Devica je često predstavljena sa zvezdanim oreolom. Devica kod Larmora (Morbihan), deo prekrasnog triptiha koji prikazuje Hristovu smrt i Marijinu patnju, *Mater dolorosa*, i gde se na nebu središnje kompozicije vide Sunce, Mesec, zvezde i Izidin plašt, u desnoj ruci ona drži veliku zvezdu, *maris stella*, epitet koji joj je, inače, pridan u jednoj od katoličkih himni.

Vitkovski[1] nam opisuje veoma zanimljivi vitraž koji je blizu sakristije, u staroj crkvi Svetog Jovana u Ruanu, danas srušenoj. Vitraž prikazuje *Začeće svetog Romana*. „Njegov otac Benoa, savetnik Klotara Drugog, i njegova majka Felicija legli su u postelju potpuno nagi, prema običaju koji će trajati do sredine 16. veka. Začeće je predstavljeno *zvezdom* koja blešti *na pokrivaču* u dodiru sa ženinim stomakom... Obod ovog prozora,

---

[1] G. J. Witkowski, *L'Art profane à l'Eglise*, France, Paris, Schemit, 1908, str. 382.

Sl. 12 : Bogorodičina crkva u Parizu – Atanor i Kamen

već izuzetnog po glavnom motivu, bio je ukrašen medaljonima na kojima su se isticali, ne bez iznenađenja, *Mars, Jupiter, Venera* itd., i da ne bi bilo sumnje o njihovom identitetu, figura svakog božanstva popraćena je njegovim imenom."

8

Kao što je ljudska duša s tajnim prevojima, tako i katedrala ima svoje skrovite hodnike. Rasprostirući se ispod crkvenog poda, oni formiraju kriptu (od grčkog Κρυπτός, *skriveno*).

U tom podrumskom prostoru, vlažnom i hladnom, posmatrača obuzima posebno čuvstvo koje ga utišava: to je osećanje snage sjedinjene s tamom. Tu smo u skloništu mrtvih, kao u bazilici Sen-Deni, nekropoli uglednika, kao u rimskim katakombama, groblju hrišćana. Kamene ploče, mermerni mauzoleji, kovčezi, krhotine istorije, odlomci prošlosti. Sumorna i teška tišina ispunjava nadsvođene prostorije. Hiljade spoljašnjih šumova, ta zaludna jeka sveta, više ne dopiru do nas. Jesmo li to u pećinskim staništima kiklopa? Jesmo li na pragu danteovskog pakla, ili u podzemnim galerijama, tako širokogrudim, tako gostoljubivim prema prvim mučenicima? – Sve je misterija, trepet i strah u tom mračnom utočištu...

Oko nas su mnogobrojni, ogromni stubovi, debeli, ponekad u parovima, podignuti na svojim širokim

Sl. 13 : Bogorodičina crkva u Parizu – Povezivanje sumpora i žive

osnovicama. Njihovi kapiteli su kratki, pomalo prljavi, pocrneli, zdepasti. Oblici sirovi i neuglađeni, u kojima elegancija i bogatstvo zaostaju za solidnošću. Mišići nabrekli, zgrčeni pod naporom, i koji, ne klonuvši, dele divni teret celokupnog zdanja. Noćna volja, nema, čvrsta, napregnuta u večnom opiranju rušenju. Materijalna sila koju je neimar umeo da uredi i rasporedi, dajući svim tim udovima iskonski izgled jednog stada fosilizovanih slonova, međusobno stopljenih, uvećavajući kosti njihovih leđa, prazneći njihove kamene trbuhe pod pritiskom nekog preteranog tereta. Stvarna, ali okultna sila koja se tajno izvršava, razvija se u seni, deluje bez počinka u podrumskim dubinama sveukupnog dela. Takav utisak preovlađuje u posetiocu dok hodi galerijama gotskih kripti.

Nekada su podzemne odaje u hramovima služile kao boravište *Izidinim* kipovima koji, od uvođenja hrišćanstva u Galiju, postadoše one *Crne device* koje narod, u naše dane, okružuje naročitim štovanjem. Uostalom, njihova simbolika je istovetna; i jedne i druge na svojim postoljima pokazuju slavni ispis: *Virgini pariturae*, Devici koja će biti obremenjena. Bigarn[1] nam govori o mnogim Izidinim kipovima obeleženim istom izrekom. „'U svojoj knjizi *De Dictis Germanicis*, učeni Elija Šadije ukazao je', kaže erudita Pjer Dižol u

---

[1] Ch. Bigarne, *Considérations sur le Culte d'Isis chez les Eduens*, Beaune, 1862.

Opštoj bibliografiji Okultnog, 'već na analogni ispis: *Isidi, seu Virgini ex qua filius proditurus est.*'[1] Te ikone, znači, nikako ne bi imale hrišćanski smisao koji im se pripisuje, barem egzoterički. Izida uoči začeća", kaže Bigarn, „u astrološkoj teogoniji je atribut Device koju mnogi spomenici, znatno pre hrišćanstva, označavaju imenom *Virgo paritura*, to jest *zemlja uoči oplođenja*, i koju će sunčevi zraci ubrzo oživeti. Ona je i majka bogova, kako potvrđuje kamen iz Dija: *Matri Deum Magnae ideae.*" Nemogućno je bolje definisati ezoterički smisao naših *Crnih devica*. U hermetičkoj simbolici, one predstavljaju *prvorodnu zemlju*, zemlju koju umetnik mora da izabere za *sadržinu* svog velikog rada. To je prvobitna materija u mineralnom stanju, takva kakva iskrsava iz metalonosnih naslaga, duboko zakopanih ispod stenovite mase. To je, kažu nam tekstovi, „*crna supstanca*, teška, lomljiva, trošna, sa izgledom kamena i može se drobiti u sitne komade kao kamen". Pa je, izgleda, celishodno da personifikovani hijeroglif od ovog minerala ima njegovu specifičnu boju i da su mu za stanište određena podzemna mesta u hramovima.

U naše vreme Crne device su donekle ređe. Navešćemo nekoliko koje, sve, uživaju veliku slavu. U tom pogledu katedrala u Šartru najbolje stoji: ima ih dve; prva, u kripti, i sa izražajnim nazivom, *Bogorodica Podzemna*, sedi na tronu na čijem postolju je već spominja-

---

[1] Izidi, ili Devici iz koje će se roditi Sin.

ni ispis: *Virgini pariturae*. Druga, napolju, zvana *Bogorodica od Stuba*, zauzima središte jedne niše ispunjene eksvotoima [*ex voto*] u obliku rasplamsalih srca. Potonja, kaže nam Vitkovski, predmet je obožavanja velikog broja hodočasnika. „U davnim vremenima", dodaje rečeni autor, „kameni stub koji joj služi kao oslonac bio je sav 'izlizan' jezikom i zubima njenih vatrenih obožavalaca, poput stopala svetog Petra u Rimu, ili kolena Herkula koga su pagani obožavali na Siciliji; ali, da bi je zaštitili od suviše plamenih poljubaca, 1831. godine okružena je drvenom ogradom." Sa svojom podzemnom Devicom, Šartr važi za najstarije od svih mesta hodočašćenja. Ona je najpre bila samo antička Izidina statueta, „izvajana pre Isusa Hrista", kako pripovedaju stare lokalne hronike. Međutim, naša sadašnja figura datira tek od kraja 18. veka; ranija figura boginje Izide uništena je u neko neznano vreme i zamenjena drvenom statuom, s Detetom na kolenima, koja je, pak, izgorela 1793. godine.

Što se tiče Crne device iz Bogorodičine crkve u Piju, čiji udovi nisu vidljivi: svojom haljinom koja joj bez ijednog nabora pada do samih stopala i s visokom kragnom ona dočarava površ trougla. Haljina je oslikana vinovim lišćem i žitnim klasjem – simbolizujući tako hleb i vino euharistije – i omogućava da se Detetova glava, s podjednako velelepnom krunom kao majčina, pojavi u visini pupka.

Bogorodica od Ispovesti, čuvena Crna devica iz kripti Svetog Viktora u Marselju, divan je uzorak drevnog kiparstva, meka, široka i plodna. Ta figura, prožeta otmenošću, desnom rukom drži žezlo, a na glavi joj je trostruko cvetna kruna (sl. 1).

Bogorodica u Rokamaduru, već od 1166. godine čuvena kao mesto hodočašćenja, čudotvorna je madona, čiji nastanak tradicija pripisuje Jevrejinu Zaheju, poglavaru carinika u Jerihonu, dominira oltarom Bogorodičine kapele sagrađene 1479. godine. To je drvena statueta, potavnela od vremena, obučena u haljinu od srebrnih listića koja je štiti od crvotočenja.

„Glasovitost Rokamadura seže do legendarnog pustinjaka svetog Amatera ili Amadura, koji je u drvetu izvajao statuetu Device kojoj su pripisivana mnoga čuda. Pripoveda se da je Amater bio pseudonim carinika Zaheja koga je preobratio Isus Hristos; došavši u Galiju, on je širio kult Device. Njen kult je veoma star u Rokamaduru, ali veliki talas hodočašća datira tek od 12. veka."[1]

U Višiju, Crna devica iz crkve Svetog Bleza štovana je tamo još „u davnini", kako je govorio već u 17. veku parohijski sveštenik Antoan Gravije. Arheolozi datiraju ovu skulpturu u 14. vek, a kako je crkva Svetog Bleza, gde se rečena Devica nalazi, sagrađena – u svojim najstarijim delovima – tek u 15. veku, opat Alo,

---

[1] *La Grande Encyclopédie*, t. XXVIII, str. 761.

koji nas je upozorio na statuu, smatra da je ona nekada bila u kapeli Sveti Nikola, koju je 1372. godine podigao Gijom od Hama.

Crkva Geode u Kimpeu, zvana i Bogorodica Starogradska, takođe poseduje jednu Crnu devicu.

Kamij Flamarion[1] govori nam o sličnoj statui koju je video u podrumima Opservatorije, 24. septembra 1871, dva veka posle prvog termometarskog osmatranja izvedenog 1671. „Balustrada terase ovog kolosalnog zdanja Luja XIV dopiru do visine od 28 metara iznad tla, dok njegovi temelji sežu isto toliko u dubinu zemlje: 28 metara. U uglu jedne od podzemnih galerija mogućno je videti statuetu Device, smeštene tu iste godine, 1671. Stihovi urezani na njenim nogama nazivaju je imenom *Bogorodica Podzemna*." Ta malopoznata pariska Devica, koja u prestonici personifikuje misteriozni *subjekt* Hermesov, izgleda da je bila replika one u Šartru, *blagoslovene Podzemne gospe*.

I još jedan detalj koristan za hermetistu. U obredu propisanom za procesije Crnih devica paljene su samo sveće *zelene boje*.

Što se tiče Izidinih statueta – govorimo o onima koje su izmakle pohrišćavanju – one su još ređe od Crnih devica. Možda bi razlog tome valjalo tražiti u poznoj antici tih ikona. Vitkovski[2] opisuje jednu koja je

---

[1] Camille Flammarion, *L' Atmosphère*, Paris, Hachette, 1888, str. 362.
[2] Up. *L'Art profane à l'Eglise*, Etranger, nav. delo, str. 26.

Sl. 14 : Bogorodičina crkva u Parizu – Materije neophodne
za spravljanje rastvarača

bila udomljena u katedrali Svetog Etjena u Mecu. „Ta kamena Izidina figura", piše autor, „visoka 43 cm i široka 29 cm, poticala je iz starog samostana. Ispupčenost tog reljefa bila je 18 cm. Prikazivao je golo poprsje žene, ali bilo je tako tanušno da, poslužimo li se slikovitim izrazom opata Brantoma, „ona nije mogla ništa da pokaže osim obrisa". Njena je glava bila *prekrivena velom*. Dve suve dojke visile su s njenih grudi poput dojki kod Dijana iz Efesa. Koža je bila obojena *crveno*, a plašt koji ju je omotavao – *crno*... Slične statue postojale su u Svetom Germanu Livadskom i u Svetom Etjenu u Lionu."

Ipak, ono što ostaje za nas jeste da je kult Izide, egipatske Cerere, bio veoma misteriozan. Znamo samo da se boginja slavila svečano svake godine u Buzirisu, i da joj je bio žrtvovan bik. „Posle žrtvovanja", kaže Herodot, „desetine hiljada muškaraca i žena se lupalo u grudi. U čast kog boga su se busali, smatram da bi s moje strane bilo bezbožnički da kažem." Grci, kao i Egipćani, zavetovani su na apsolutno ćutanje o misterijama Cererinog kulta, i istoričari nisu mogli ništa da saznaju što bi zadovoljilo našu radoznalost. *Ako bi neko otkrio tajnu tih misterijskih delatnosti nekom profanom bio bi kažnjavan smrću.* Zločinom je smatrano i samo slušanje vesti o tome. Ulazak u hram Cererin, po primeru na egipatska svetilišta Izidina, bio je strogo zabranjen svima koji nisu prošli inicijaciju. Međutim, obaveštenja koja su do nas doprla o hijerarhiji velikih sveštenika omogućavaju nam da pretpostavimo da su misterije

Cerere morale biti iste vrste kao u slučaju misterija hermetičke Nauke. U stvari, znamo da su ministranti kulta bili podeljeni u četiri stepena: *hijerofant*, zadužen za poučavanje neofita; *lučonoša*, koji je predstavljao *Sunce*; *glasnik*, koji je predstavljao *Merkura*; *ministrant oltara*, koji je predstavljao *Mesec*. U Rimu, praznik *Cerealije* proslavljan je 12. aprila i trajao je osam dana. Tada je, u procesijama, nošeno *jaje*, simbol sveta, i žrtvovane su svinje.

Ranije smo rekli da je kamen iz Dija, predstavnik Izide, ukazivao na nju kao na *majku bogova*. Isti epitet korišćen je za Reju ili Kibelu. Obe boginje se tako, po srodstvu, pokazuju kao veoma bliske, i mi smo skloni da ih smatramo samo kao različite izraze jednog i istog načela. G. Šarl Vensans potvrđuje to mišljenje u svom opisu barcljefa koji prikazuje Kibelu, gledanu tokom niza vekova, na spoljnjem zidu parohijske crkve u Penu (Buš na Roni), s natpisom: *Matri Deum*. „Ovaj neobični komad", kaže nam on, „iščezao je tek oko 1610. godine, ali je graviran u Grosonovoj *Zbirci* (str. 20)." U tome postoji posebna hermetička analogija: Kibela je bila štovana u Pesinontu, u Frigiji, u vidu jednog *crnog kamena* za koji se govorilo da je *pao* s neba. Fidija prikazuje boginju koja sedi na prestolu između *dva lava*, a na glavi joj je muralna kruna s koje pada *veo*. Ponekad je predstavljena s *ključem* u rukama i kao da *uklanja svoj veo*. Izida, Cerera, Kibela, tri su glave pod istim velom.

9

Okončavajući ova preliminarna izlaganja, moramo sada da se poduhvatimo hermetičkog izučavanja katedrale i, da bismo završili naša istraživanja, za uzorak ćemo uzeti hrišćanski hram glavnog grada, Bogorodičinu crkvu u Parizu.

Naš je zadatak svakako težak. Više ne živimo u vreme gospara Bernara, grofa od Treviza, Zahara ili Flamela. Stoleća su ostavila svoj trag na licu zdanja, nepogode su ga duboko i široko izbrazdale, ali pustošenje vremena nije ništa u poređenju s pustoši izazvanoj ljudskim mahnitanjem. Revolucije su na njemu udarile svoj pečat, žalosno svedočanstvo plebejskog besa; vandalizam, neprijatelj lepote, iskazivao je svoju mržnju putem strašnih sakaćenja, a i restauratori sami, koliko god da su bili vođeni najboljim namerama, nisu uvek umeli da poštuju ono što su ikonoklasti poštedeli.

Nekada je veličanstvena Bogorodičina crkva u Parizu bila na platformi na koju se uspinjalo preko jedanaest stepenika. Jedva izdvojena tesnom portom od drvenih kuća, od šiljastih zabata složenih u krestu, dobijala je na stamenosti i eleganciji ono što je gubila u masi. Danas, zahvaljujući uzmicanju, izgleda utoliko masivnija što je izdvojenija, i što se njeni portali, stubovi i potporni zidovi oslanjaju neposredno o tlo. Postepeno nasipanje, uzdizanje okolnog tla, učinilo je da stepenici do katedrale nestaju, sve dok nije apsorbovan i poslednji.

Sl. 15 : Bogorodičina crkva u Parizu – Nepomično telo

Prostor oko katedrale bio je, s jedne strane, ograničen impozantnom bazilikom i, s druge, živopisnom skupinom malih zgrada ukrašenih strelama, šiljcima, vetrokazima, a među koje su se udenule šarolike prodavnice sa izrezbarenim gredama i burlesknim znamenjima, dok su u nišama na njihovim ćoškovima bile figure madona i svetaca; na krilima niša stajali su bedemčići i tornjići nalik bibernjačama. Usred tog prostora, dakle, dizao se kameni kip, visok i vitak, s knjigom u jednoj i zmijom u drugoj ruci. Taj kip je bio deo monumentalne fontane na kojoj se mogao pročitati sledeći dvostih:

Qui sitis, huc tendas: desunt si forte liquores,
Pergredere, aeternas diva paravit aquas.

Ti koji si žedan, dođi ovamo: ako je izvor slučajno presušio, / Boginja ti je postupno spremila večnu vodu.

Narod ga je katkad zvao *Gospodin Sivi* [Monsieur Legris], katkad *Prodavac u sivom*, *Veliki gladnik* ili *Bogorodičin gladnik*.

Svakojaka tumačenja su pratila te neobične izraze kojima se svetina služila za priliku koju arheolozi nisu bili kadri da identifikuju. Najbolje objašnjenje dala nam je Amede iz Pontjea[1], i ono nam izleda utoliko intere-

---

[1] Amédée de Ponthieu, *Lègendes du Vieux Paris*, Paris, Bachelin-Deflorenne, 1867, str. 91.

santnije što autor, koja nije bila hermetista, nepristrasno sudi i iznosi bez predrasuda:

„Pred tim hramom", kaže nam, govoreći o Bogorodičinoj crkvi, „dizao se *sveti monolit* kojeg je vreme obezobličilo. Stari su ga nazivali Febigen[1], Apolonov sin. Narod ga je docnije zvao *Meštar Petar*, hoteći da kaže *gospodar kamen, kamen moći*[2]; nazivali su ga i gospar *Sivi*, pri čemu je *sivo* značilo *vatra*, i posebno *močvarna vatra*, lutajući plamičak...

Po jednima, te bezoblične crte podsećaju na crte Eskulapa, ili *Merkura*, ili boga *Termâ*[3]; po drugima, one su bile crte Aršamboa, načelnika dvora pod Klovisom II, koji je ustupio zemljište na kojem je sagrađen *Hotel-Dieu*; treći su u njima videli crte Gijoma od Pariza koji ga je, u to vreme, gradio kao portal Bogorodičine crkve. Opat Lebef u njemu vidi figuru Isusa Hrista, a neki pak figuru svete Ženevjeve, zaštitnice Pariza.

Taj je kamen uklonjen 1748. godine kada je proširen trg Porte Bogorodičine crkve."

Otprilike u isto vreme, poglavarstvo Bogorodičine crkve primilo je nalog da skloni kip svetog Hristifora. Taj kolos, obojen u sivo, leđima je bio oslonjen o prvi stub zdesna, na ulasku u glavnu lađu. Njega je 1413. godine podigao Antoan Dezesar, kapelan kralja Šarla

---

[1] Rođen iz sunca ili zlata.
[2] To je ugaoni kamen o kojem smo govorili.
[3] Termi su bili poprsja Hermesa (Merkura).

VI. Hteli su da ga uklone 1772. godine, ali tome se formalno suprotstavio Hristifor de Bomon, tada nadbiskup Pariza. To je moglo biti učinjeno tek posle nadbiskupove smrti, 1781. godine, kada je kip iznesen izvan grada i slupan. Bogorodičina crkva u Amijenu poseduje još tog dobrog hrišćanskog gorostasa, nosioca deteta Isusa, ali je on izmakao uništenju tek pošto je ugrađen u zid: sada je to bareljefna skulptura. I katedrala u Sevilu čuva jednog kolosalnog svetog Hristifora, naslikanog u formi freske. Onaj u crkvi Svetog Jakova Klaničkog, nestao je s građevinom, a lepa statua u katedrali u Okseru, koja datira iz 1539. godine, bila je po naredbi uništena 1768. godine, samo nekoliko godina pre one u Parizu.

Očito su za motivisanje tih činova bili potrebni jaki razlozi. Koliko god izgedali neopravdani, njihovo poreklo otkrivamo, međutim, u simboličkom izrazu izvučenom iz predanja i kondenzovanom – nesumnjivo odveć jasno – u slici. Sveti Hristifor, čije nam prvobitno ime otkriva Žak de Voražin: *Offerus*, za većinu znači onaj koji *nosi Hrista* (od grčkog Χρίστοφόρος); ali, fonetska kabala ukazuje na drugo značenje, adekvatno i saglasno hermetičkoj doktrini. Hristifor je zamena za *Hrisof*: onaj koji *nosi zlato* (gr. Χρυσοφόρος). Otuda je shvatljivija izuzetna važnost simbola, da tako kažemo, svetog Hristifora. To je hijeroglif *solarnog sumpora* (Isus), ili *nascentnog zlata*, uzdignutog na merkurske valove i zatim dovedenog, sopstvenom energijom tog Mer-

Sl. 16 : Bogorodičina crkva u Parizu — Sjedinjavanje nepomičnog i isparljivog

kura, do stepena moći koju poseduje Eliksir. Po Aristotelu, Merkurova amblematska boja je *sivo* ili *ljubičasto*, što je dovoljno da objasni zašto su statue svetog Hristifora bile obojene u tom istom tonu. Izvestan broj starih gravira, sačuvanih u Grafičkom kabinetu Nacionalne biblioteke i na kojima je predstavljen kolos, izvedene su jednostavnim ucrtom *čađi*. Najstarija datira iz 1418. godine.

U Rokamaduru (Lot) još je moguće videti gigantski kip svetog Hristifora, smešten na platou Svetog Mihajla, u pročelju crkve. Pored njega zapažamo stari *okovani kovčeg*, iznad kojeg je u kameni blok zariven, i vezan lancem, oveći komad mača. Predanje veli da je taj fragment pripadao čuvenom *Durandalu*, maču kojeg je slomio palatin Roland, otvarajući brešu u Ronsevou. Kako god bilo, istina koja se ističe u tim atributima veoma je razgovetna. Mač koji otvara stenu, Mojsijev štap koji iz kamena Horeba izaziva šikljanje vode, žezlo boginje Reje, kojim ona udara brdo Dindimu, Atalantino koplje, jedan i isti su hijeroglif one skrovite materije Filosofa, na čiju prirodu ukazuje sveti Hristifor, a na ishod – okovani kovčeg.

Žalimo što nismo u mogućnosti da više kažemo o veličanstvenom amblemu kojem je prvo mesto bilo rezervisano u bazilikama sa zašiljenim lukovima[1]. Do

---

[1] Gotski lukovi, o kojima je reč, ovde prevedeni kao *zašiljeni* ili *šiljasti* lukovi, među istoričarima umetnosti se nazivaju i *slomljeni lukovi* zbog njihovog izgleda „slomljene" ili „prelomljene" polukružnice (*prim. prev.*).

nas nije dospeo precizan i detaljan opis tih velikih figura, grupa zadivljujućih po svom sadržaju, ali koje je jedno površno i dekadentno doba uklanjalo bez izvinjenja njihovoj neospornoj nužnosti.

Osamnaesti vek, kojim vladaju aristokratija i lepi duh, dvorski opati, napuderisane markize, plemići s perikama, vreme blagosloveno za učitelje plesa, madrigala i vatoovskih pastirskih igara, doba sjajno i izopačeno, lakoumno i nacifrano, koje je moralo da potone u krv, bilo je posebno neprijateljsko prema gotskim delima.

Obuzeti bujicom dekadencije, koja je pod Fransoaom I dobilo paradoksno ime Renesansa, nesposobni za napor ekvivalentan naporu njihovih predaka, potpune neznalice u srednjovekovnoj simbolici, umetnici se radije baciše na reprodukovanje iskvarenih dela, bez ukusa, bez karaktera, bez ezoteričke misli, pre nego da nastave i razviju zadivljujuće i zdravo francusko stvaralaštvo.

Arhitekti, slikari, vajari, voleše više sopstvenu slavu od slave same Umetnosti, i obraćaše se lažnim antičkim modelima u Italiji.

Srednjovekovni neimari imali su za platu veru i skromnost. Anonimni tvorci čistih remek-dela, oni su gradili radi Istine, radi afirmacije njihovog ideala, radi širenja i uznošenja njihove nauke. A oni renesansni, naročito preokupirani svojom ličnošću, ljubomorni na svoju vrednost, gradili su radi potomstva svoga imena.

Srednji vek duguje svoju veličanstvenost originalnosti svojih tvorevina; Renesansa duguje svoj uzlet servilnoj vernosti svojih kopija. S jedne strane, misao; s druge strane, moda. S jedne strane, genijalnost; s druge strane, talenat. U gotskom delu, faktura je podvrgnuta Ideji; u renesansnom delu, faktura dominira Idejom i briše je. Prvo govori srcu, mozgu, duši: to je trijumf duha. Drugo se obraća čulima: to je glorifikovanje materije. Od 12. do 15. veka, oskudica je u sredstvima, ali je bogatstvo u izrazu. Počevši od 16. veka, lepota je samo plastička, invencija – čista osrednjost. Srednjovekovni majstori umeli su da ožive obični krečnjak; umetnici Renesanse ostaviše i mermer inertan i hladan.

U tome je antagonizam ta dva razdoblja, iznedrenih iz protivstavljenih koncepata, antagonizam koji objašnjava prezir i duboku odbojnost Renesanse prema svemu što je bilo gotsko.

Takvo stanje duha je moralo biti sudbonosno za delo Srednjeg veka; i upravo tom stanju duha moramo, u stvari, pripisati mnogobrojna sakaćenja na čije tragove danas nailazimo.

PARIZ

1

Katedrala u Parizu, kao i većina francuskih bazilika, posvećena je blagoslovenoj Devici Mariji ili Devici-Majci. U Francuskoj, narod te crkve naziva *Bogorodičinim* [Notre-Dame]. Na Siciliji, nose još ekspresivnije ime, *Materice*. To su, naime, hramovi posvećeni *Majci* (lat. *mater, matris*), *Matroni* u prvorodnom značenju te reči koja je, kvarenjem, postala *Madona* (ital. *ma donna*), moja Gospa i, nadalje, Naša Gospa, Bogorodica.

Prođimo kroz crkvene dveri i započnimo istraživanje od fasade velikog portala zvanog centralni trem ili predvorje Suda.

Predvorni stub, koji po sredini deli ulaz, nudi čitav niz alegorijskih predstava srednjovekovnih nauka. Licem prema trgu Porte – na počasnom mestu – nalazi se alhemija oličena u ženi čije teme dodiruje oblake. Sedi na tronu, u levoj joj je ruci skiptar – znamen suverenosti – dok desnom rukom drži dve knjige, zatvorenu (ezoterizam) i otvorenu (egzoterizam). Održavane između njenih kolena i oslonjene joj o prsa, pružaju se lestve s devet prečaga – *scala philosophorum*, hijeroglif strpljenja koje moraju posedovati svi vernici tokom devet uzastopnih operacija hermetičkog opita (sl. 2). „Strpljenje su lestve Filosofa", veli nam Valoa[1], „a skrušenost – vrata u njihov raj; jer, ko god bude ustrajao bez oholosti i zavisti, Bog će mu učiniti milost."

Takav je naslov alhemijskog poglavlja te *Mutus Liber* kakav je gotski hram; to je frontispis ove okultne Biblije s masivnim listovima od kamena; otisak, pečat laičkog Veledela na čelu hrišćanskog Veledela. Za njega nema boljeg mesta od samog praga glavnog ulaza.

Katedrala nam se, tako, javlja utemeljena na alhemijskoj nauci, istraživačici preobražaja prvobitne supstance, elementarne *Materije* (lat. *materea*, koren *mater*, majka). Jer, Devica-Majka, lišena svog simboličkog vela, nije drugo nego personifikacija prvorodne supstance kojom se, u ostvarivanju svojih nauma, služi tvoračko Načelo svega što jeste. Takav je smisao, uostalom krajnje prosvetljen, one naročite poslanice koja se čita na misi Bezgrešnog začeća Device, i čiji tekst glasi:

„Gospod me je posedovao na početku svojih putâ. *Postojala sam pre nego što je sazdao ma koje stvorenje*. Bila sam u večnosti *pre nego što je zemlja bila načinjena*. Još nije bilo ni bezdana, a ja sam već bila začeta. Izvori još nisu izbijali iz zemlje; teška masa planina još nije bila formirana; bila sam rođena pre brežuljaka. Nije bila

---

[1] *Œuvres de Nicolas Grosparmy et Nicolas Valois*, Mss. biblioth. de l'Arsenal, nº 2516 (166 S. A. F.), str. 176.

Sl. 17 : Bogorodičina crkva u Parizu – Filosofski sumpor

stvorena ni zemlja, ni reke, niti je svet bio ojačan na svojim polovima. Kada je on pripremao nebesa, bila sam prisutna; kada je on oivičavao bezdane njihovim obodima i kad je propisivao neprekršivi zakon; kada je utvrđivao vazduh iznad tla; kada je dodeljivao ravnotežu izvorskim vodama; kada je zatvarao more u njegove granice i kada je vodama nametao zakon da ne plave svoje obale; kada je udarao temelje zemlji, *bila sam s njim* i ja sam u red dovodila sve stvari."

Ovde se očigledno radi o *samoj suštini stvari*. I zapravo nas litanije uče da je Devica *Vaza koja sadrži Duh stvari: Vas spirituale*. „Na stolu, u visini grudi Magâ", kaže nam Etela[1], „bile su, s jedne strane, knjiga ili niz zlatnih listića (knjiga Totova) i, s druge, *vaza puna tečnosti*, nebesko-astralne, sastavljena od divljeg meda (trećina), jednog dela zemaljske vode i jednog dela nebeske vode... Tajna, misterija je bila, dakle, u *vazi*."

Ova posebna Devica – *Virgo singularis*, kako je Crkva izričito naziva – slavljena je, štaviše, pod epitetima koji prilično denotiraju njeno stvarno poreklo. Ne nazivaju li je i Palma strpljenja (*Palma patientiae*), Ljiljan među trnjem[2] (*Lilium inter spinas*), Samsonov *Sim-*

---

[1] Etteilla, *Le Denier du Pauvre*, in *Sept nuances de l'Œuvre philosophique*, bez datuma (1786), str. 57.

[2] To je naslov čuvenih alhemijskih rukopisa Agrikole i Ticinensija. Up. u bibliotekama u Renu (159), Bordou (533), Lionu (154), Kambreju (919).

bolički med, Gideonovo Runo, Mistička ruža, Nebeska kapija, Kuća zlata itd.? Isti tekstovi nazivaju Mariju i *Sedištem mudrosti*, drugim rečima *Sadržinom* hermetičke Nauke, univerzalne mudrosti. U simbolizmu planetarnih metala, ona je *Mesec* koji prima Sunčeve zrake i tajno ih čuva u svome okrilju. Ona je osloboditeljica pasivne supstance koju bi solarni duh da oživi. Marija, Devica i Majka, predstavlja otuda formu; Ilija, Sunce, Bog Otac, amblem je vitalnog duha. Iz sjedinjavanja ta dva načela proishodi živa materija, podvrgnuta varljivostima zakonâ mutacije i progresije. Onda je to *Isus*, utelovljeni duh, vatra ovaploćena u stvarima takvim kakve poznajemo ovde dole:

I REČ POSTADE TELO, I ON SIĐE MEĐU NAS.

S druge strane, Biblija nam veli da je Marija, majka Isusova [Jesus], bila od loze *Jesa*. Hebrejska reč *Jes*, pak, znači *vatra, sunce*, božanstvo. Biti od loze Jesa, znači biti od rase sunca, vatre. Kao što materija vodi svoje poreklo iz solarne *vatre*, kao što smo upravo videli, i samo ime *Isusa* javlja nam se u svojoj izvornoj i nebeskoj veličini: *vatra, sunce, Bog*.

Najzad, u *Ave Regina*, Devica je doslovno nazvana *Koren* (*salve, radix*) da bi bilo naznačeno da je ona načelo i početak Svega. „Budi pozdravljen, korenu, kojim je Svetlost zasijala na zemlji."

Takve refleksije sugeriše izražajni bareljef koji prihvata posetioca pod svod bazilike. Hermetička filosofija, stara spagirska umetnost,[1] želi mu dobrodošlicu u gotsku crkvu, osobiti alhemijski hram. Jer, katedrala je u celosti tek nemo, ali slikovito slavljenje drevne Hermesove nauke za koju je, uostalom, ona umela da sačuva jednog od starih tvoraca. Bogorodičina crkva u Parizu, u stvari, pazi svog alhemičara.

Ako, podstaknuti radoznalošću ili željom da uvećate prijatnost u šetnji jednog letnjeg dana, kročite na spiralno stepenište koje vodi do viših delova građevine, prođite lagano put, prošupljen poput oluka, do vrha druge galerije. Stigavši blizu glavne ose veličanstvenog zdanja, u uglu gde se ulazi u severni toranj opazićete, usred povorke himeričnih čudovišta, obuhvatan reljef ogromnog kamenog starca. To je on, alhemičar Bogorodičine crkve (sl. 3).

S frigijskom kapom, atributom adepta,[2] nemarno stavljenom na dugu kosu s blagim uvojcima, učenjak –

---

[1] Izraz *spagirska* dolazi iz novolatinskog i zapravo označava neko rastakanje, mešanje, naime alhemijsku veštinu (*prim. prev.*).

[2] Frigijska kapa, koju su nosili sankiloti i koja je bila svojevrsni zaštitnički talisman usred revolucionarnih pokolja, bila je razlikovni znak inicijata. U analizi koju je posvetio radu Lombarda (od Langra), naslovljenom *Histoire des Jacobins, depuis 1789 jusqu'à ce jour, ou Etat de l'Europe en novembre 1820* (Paris, 1820), učenjak Pjer Dižol piše da je za stepen Epopta (u *Eleuzijskim misterijama*) „novi član bio pitan *da li u sebi oseća snagu, volju i predanost da domaši VELEDELO*. Onda bi mu stavili crvenu kapu na glavu, izgovarajući sledeću formulu: 'Pokrij se ovom kapom, vrednija je od kralje-

u lakom ogrtaču namenjenom za rad u laboratoriji – jednom rukom se oslanja o balustradu, dok drugom pročešljava svoju bujnu i svilenu bradu. On ne meditira; on posmatra. Oči usredsređene, pogled neobično oštar. Sve u stavu Filosofa otkriva neku ekstremnu emociju. Povijenost ramena, glava i prsa nagnuta napred odaju, u stvari, najveću iznenađenost. Doista, ta okamenjena ruka oživljava. Da li je to iluzija? Kao da ruka podrhtava...

Kakva je veličanstvena figura, taj stari majstor! Predano i pažljivo, on motri, ispituje, evoluciju mineralnog života i zatim promišlja, zasenjen, čudo koje mu je jedino njegova vera omogućila da nazre.

A kakvi su jadni kipovi, moderni, naših učenjaka – bilo da su izliveni u bronzi ili isklesani u mermeru – upoređeni sa ovom dostojanstvenom prilikom i njenim snažnim realizmom punim jednostavnosti!

2

Osnovica fasade, koja se razvija i rasprostire ispod tri trema, u potpunosti je posvećena našoj nauci. Taj skup

---

ve krune.' Nema mesta sumnji da je ova vrsta šešira, zvana *liberia* u *Mitraičkim ritualima*, i koja je nekada označavala oslobođene robove, bila masonski simbol i vrhovno obeležje Inicijacije. Ne bi, dakle, trebalo da bude čudno da je vidimo kako figurira na našoj moneti i našim javnim spomenicima."

slika, koliko zanimljivih toliko poučnih, istinski je pir za tumača hermetičkih enigmi.

Tu ćemo naći u kamenu naziv za ono što je *tema Mudracâ*; tu ćemo prisustvovati izradi tajnog rastvarača; tu ćemo, najzad, pratiti korak po korak rad na Eliksiru, počevši od njegove kalcinacije do njegovog završnog kuvanja.

No, da bismo se držali izvesne metode u ovoj studiji, uvek ćemo paziti na redosled u nizanju figura, idući od spoljašnje strane prema vratnim krilima trema, kako bi to činio neki vernik, ulazeći u svetilište.

Na bočnim stranama potpornih stubova koji omeđavaju veliki portal, naći ćemo, u visini očiju, dva mala bareljefa, svaki umetnut u zašiljeni luk. Onaj na levom stubu nam prikazuje alhemičara dok otkriva *misterioznu Fontanu* koju Trevizanac opisuje u završnoj *Paraboli* svoje knjige o *Prirodnoj filosofiji Metala*.[1]

Umetnik je dugo putovao; lutao je lažnim drumovima i sumnjivim putevima; ali, najzad je nagrađen radošću! Potok *žive vode* teče podno njegovih nogu; on izbija, žubореći, iz *starog šupljeg hrasta*.[2] Naš adept je dostigao cilj. Tako, odbacivši luk i strele kojima je, poput Kadma, ustrelio zmaja, on gleda mreškanje bis-

---

[1] Up. J. Mangin de Richebourg, *Bibliothèque des Philosophes Chimiques*, Paris, 1741, t. II, traktat VII.

[2] „Notiraj ovaj hrast", veli prosto Flamel u *Knjizi hijeroglifskih Figura*.

Sl. 18 : Bogorodičina crkva u Parizu – Kohobacija

trog izvora čije su mu rastvarajuća odlika i isparljiva suština potvrđene od ptice koja čuči na drvetu (sl. 4).

Ali, kakva je to okultna *Fontana*? Koja je priroda tog moćnog rastvarača kadrog da prodre u sve metale, posebno u zlato, i da završi, uz pomoć rastvorenog tela, veliki posao u celosti? – Te zagonetke su tako duboke da su obeshrabrivale znatan broj istraživača. Svi, ili bezmalo svi su lomili glavu o taj neprolazni zid kojeg su podigli filosofi kao bedem njihovoj citadeli.

Mitologija je naziva *Libetra*[1] i pripoveda nam da je ona bila izvorište *Magnezije*, kojem je u susedstvu bio drugi izvor zvani *Stena*. Oba su *izbijala iz velike stene* čiji je oblik nalikovao ženskim prsima, tako da je bujica ličila na *tok mleka iz dve dojke*. Znamo, međutim, da stari autori materiju Dela nazivaju *naša Magnezija* i da se tečnost izlučena iz te magnezije zove *Mleko Device*. U tome je putokaz. Što se tiče alegorije smeše ili kombinacije te prvorodne vode proistekle iz *Haosa* Mudraca s drugom vodom, drukčije prirode (mada od iste vrste), ona je prilično jasna i dovoljno izražajna. Iz te kombinacije proizlazi treća *voda koja ne kvasi ruke*, i koju su filosofi nazivali ponekad *Merkur*, ponekad *Sumpor*, i prema kojem su oni sudili o *kvalitetu* te vode ili njenom fizičkom *aspektu*.

---

[1] Up. Noël, *Dictionnaire de la Fable*, Paris, Le Normant, 1801.

U raspravi o *Azotu*[1], pripisanoj čuvenom monahu iz Erfurta, Bazilu Valentinu, a koja je pre bila delo Zadita Starijeg, vidimo linorez koji predstavlja nimfu ili sirenu s krunom kako pliva po moru i iz njenih nabreklih grudi izbijaju dva mlaza mleka koji se mešaju s vodom.

Kod arapskih autora, ta Fontana nosi ime *Holmat*. Oni nas, uz to, obaveštavaju da su njene vode podarile besmrtnost proroku Iliji (Elije, gr. Ηλίος, sunce). Čuveni izvor smeštaju u *Modhalamu* – izraz čiji koren znači *Mračno i crno more*, što svakako ukazuje na elementarnu zbrku koju su Mudraci pripisivali njihovom *Haosu* ili prvobitnoj materiji.

Jedna ilustracija upravo spomenute priče nalazila se u maloj crkvi u Briksenu (Tirol). Ta zanimljiva slika, koju je opisao Mison, a na nju upozorio Vitkovski[2], izgleda da je bila religijska verzija iste hemijske teme. „Isus pusti da iz njega, Longinovom lancetom, krv potekne u veliku zdelu; Devica stisnu svoje dojke, i mleko šiknu u istu posudu. Višak se prelivao u drugu zdelu i gubio se dole, u plamenom ponoru, gde su se duše iz Čistilišta, oba pola, golih grudi, tiskale da prime tu dragocenu tečnost koja ih je tešila i krepila."

Na dnu te stare slike mogućno je pročitati natpis na crkvenom latinskom jeziku:

[1] *Azoth* ili *Moyen de faire l'Or caché des Philosophes*, par Frère Basile Valentin, Paris, Pierre Moët, 1659, str. 51.
[2] G. J. Witkowski, *L'Art profane à l'Eglise*, Etranger, str. 63.

Dum fluit e Christi benedicto vulnere sanguis,
Et dum Virgineum lac pia Virgo premit,
Lac fuit et sanguis, sanguis conjungitur et lac,
Et sit Fons Vitae, Fons et Origo boni.[1]

Među opisima koji prate *Simboličke figure Avrama Jevrejina*, u knjizi za koju se veli da je pripadala Nikoli Flamelu[2] i koje je taj adept držao izložene na svojoj spisateljskoj tezgi, otkrićemo dva posvećena *Misterioznoj fontani* i njenim sastojcima. Evo originalnih tekstova obe te eksplikativne legende:

„Treća figura – oslikava i prikazuje vrt ograđen živicom i s mnogim lejama. U sredini je *stari šuplji hrast*, podno kojeg je, sa strane, ružin grm sa *zlatnim lisjem* i *belim i crvenim ružama* i koji visoko obavija rečeni hrast, do njegovih grana. A *podno, iz rečene hrastove šupljine, u ključevima nadire fontana* bistra kao srebro, i gubi se u tlu; a među mnogima koji tragaše za njom, behu četiri slepca koji kopahu i druga četvorica koji je tražiše bez kopanja. Iako je spomenuta *fontana neposredno pred njima*, ne mogoše da je nađu, osim jednog koji je proba svojom rukom."

---

[1] „Dok krv teče iz blagoslovene rane Hristove, i dok Devica sveta stiska svoje devičanske grudi, mleko i krv izbijaju i mešaju se, i bivaju Fontana Života i Izvor Dobra."

[2] *Recueil de Sept Figures peintes*, Bibl. de l'Arsenal, n° 3047 (153 S.A.F.).

Taj poslednji lik upravo obrazuje sadržinu motiva izvajanog u Bogorodičinoj crkvi u Parizu. O pripremi rastvarača u pitanju govori se u objašnjenju uz sledeću sliku:

„Četvrta figura – oslikava polje na kojem je *kralj s krunom, odeven u crveno* po jevrejski, držeći goli mač; dva vojnika ubijaju decu *dveju majki*, koje – sedeći na zemlji – plaču za decom; i dva druga vojnika koji izlivaju krv u veliku kupu punu rečene krvi, u kojoj se *sunce i mesec*, sišavši s neba ili iz oblaka, *kupaju*. Tu su i šest vojnika u belom oklopu, i kralj sedmi, i *sedam nevinih* mrtvih, i *dve majke*, jedna *odevena u plavo*, koja plače, brišući oči maramicom, i druga, koja takođe plače, *odevena u crveno*."

Opišimo još jednu sliku iz knjige Trimozenove[1], koja je maltene nalik trećoj Avrama Jevrejina. Na njoj se vidi hrast iz koga, iz podnožja stabla, obvijenog zlatnom krunom, izvire okultni potok koji otiče dalje. U krošnji drveta zabavljaju se bele ptice, izuzev gavrana koji izgleda kao uspavan i koga siromašno odeven čovek, na lestvama, pokušava da dohvati. U prvom planu ovog rustičnog prizora, dvojica sofista, u velelepnim istraživačkim ogrtačima, raspravljaju i argumentuju o nekom momentu nauke, ne primećujući hrast iza njih, niti vide fontanu koja im se sliva nadomak nogu...

---

[1] Up. Trismosin, *La Toyson d'Or*, Paris, Ch. Sevestre, 1612, str. 52.

Recimo, naposletku, da se ezoterička tradicija *Fontane života* ili *Fontane mladosti* iznova nalazi materijalizovana u *Svetim bunarima* koje, u Srednjem veku, poseduje većina gotskih crkvi. Voda koja se iz njih crpla najčešće je smatrana da ima isceliteljske osobine i korišćena u lečenju izvesnih bolesti. U svojoj poemi o normanskoj opsadi Pariza, Abon donosi više naznaka koje posvedočavaju čudesna svojstva vode iz bunara u Svetom Germanu Livadskom koji je bio iskopan u dnu svetilišta čuvene opatije. I voda iz bunara Svetog Marsela, u Parizu, iskopanog u samoj crkvi, blizu grobnice uvaženog biskupa, pokazivala se, prema Grguru iz Tura, kao moćan lek za mnoge ozlede. Još i danas postoji, u gotskoj bazilici Bogorodice u Lepinu (Marna), čudotvorni bunar, zvani Bunar Svete Device, i sličan bunar, usred hora u Bogorodičinoj crkvi u Limuu (Od), čija voda leči, kako se priča, sve bolesti; na njemu je sledeći natpis:

Omnis qui bibit hanc aquam, si fidem addit, salvus erit.
Ko god pije od ove vode, a veruje, biće izlečen.

Ubrzo ćemo imati priliku da se vratimo na ovu *pontsku vodu*, kojoj su filosofi dodeljivali gomilu više ili manje sugestivnih epiteta.

Naspram izvajanog motiva koji dočarava svojstva i prirodu tajnog elementa, na suprotnom potpornom stubu ćemo prisustvovati kuvanju filosofske *čorbe*. Umetnik, ovoga puta, bdi nad proizvodom svoga rada.

Sl. 19 : Bogorodičina crkva u Parizu – Poreklo i ishod Kamena

U oklopu, sa zaštitnim dokolenicama na nogama, sa štitom u rukama, naš vitez logoruje na terasi neke tvrđave, sudimo li po okolnim puškarnicama. U odbrambenom pokretu, on upire koplje na neki nejasan oblik (neki zraci, plameni jezici?), koji je, na nesreću, nemoguće identifikovati, toliko je reljef na tom mestu oštećen. Iza borca, mala neobična građevina, formirana od zasvođenog postolja, ozupčanog, na četiri podupirača, pokrivenog višedelnom kupolom sa sferičnim završnim kamenom. Pod unutrašnjim, donjim svodom, neka rasplamsala masa doprinosi da se precizira namena. Ta neobična utvrda, minijaturni grad, jeste instrument Veledela, *Atanor*, okultna peć s dva plamena, potencijalnim i virtualnim, koju poznaju svi učenici i čijem vulgarizovanju su doprineli mnogobrojni opisi, mnoge gravire (sl. 5).

Odmah iznad ove figuracije, reprodukovana su dva prizora koji su joj, izgleda, komplementarni. No, kako se ovde ezoterizam skriva iza svetih pojava i biblijskih scena, izbeći ćemo da o njima govorimo da nam ne bi bilo prebačeno proizvoljno tumačenje. Veliki učenjaci među starim učiteljima nisu se bojali da alhemijski objašnjavaju Sveto pismo (Stari i Novi zavet), toliko je njegov smisao otvoren različitim verzijama. Hermetička filosofija često za svedočenje priziva knjigu Postanja kao analogiju prvom radu na Delu; ogroman broj alegorija iz Starog i Novog zaveta poprimaju na nepredviđenoj reljefnosti u alhemijskom kontaktu. Toliki prethodnici morali bi da nas istovremeno ohrabre i pruže nam izvinjenje, ali mi više volimo da se držimo isključivo motiva čiji je profani karakter neosporan, prepuštajući blagonaklonim istraživačima da donose sopstvene zaključke o drugima.

3

Hermetičke teme osnovice fasade rasprostiru se u dva superponirana reda, desno i levo od trema. Donji red sadrži dvanaest medaljona, a gornji red dvanaest figura. Potonje prikazuju likove na postoljima ukrašenim žlebovima čiji su profili konkavni ili ugaoni, i smešteni između stubića trodelnih arkada. Sve zauzimaju diskove s različitim amblemima koji se odnose na alhemijski rad.

Počnemo li od gornjeg reda, s leve strane, prvi bareljef će nam pokazati sliku *gavrana*, simbola *crne boje*. Žena koja ga drži na svojim kolenima simbolizuje *Truljenje* (sl. 6).

Neka nam bude dopušteno da se na časak zaustavimo na hijeroglifu *gavrana*, zato što on skriva važan moment naše nauke. On izražava, zapravo, u kuvanju filosofskog *Rebisa* [Rebis], *crnu boju*, prvu pojavu raspadanja koje sledi iz savršene smeše materija *Jajeta*. I to je, po rečima filosofa, siguran znak budućeg uspeha, očigledan znak tačne pripreme čorbe. *Gavran* je, u neku ruku, kanonski žig Dela, kao što je zvezda potpis inicijalnog subjekta.

No, ovo crnilo kojem se umetnik nada, koje iščekuje sa zebnjom, i čija pojava zadovoljava njegove želje i ispunjava ga radošću, ne manifestuje se samo tokom kuvanja. Crna ptica se pojavljuje više puta, a ta učestanost omogućava autorima da u zbrku uvedu poredak operacija.

Po Bretoncu[1], „postoje *četiri truljenja* u filosofskom Delu. Prvo, u prvoj separaciji; drugo, u drugom povezivanju; treće, u drugom povezivanju koje se odigrava između teške vode i njene soli; četvrto, naposletku, u očvršćavanju sumpora. U svakom od ovih truljenja, nastaje *crnilo*".

Naši stari majstori zalud su se, dakle, upinjali da prikriju arkanu [tajnu] ispod debelog vela, mešajući specifične kvalitete raznih supstanci, tokom četiri operacije koje manifestuju crnu boju. I bilo je veoma naporno odvojiti ih i jasno razlučiti ono što pripada svakoj od njih.

Evo nekoliko navoda koji bi mogli da prosvetle istraživača i omoguće mu da raspozna svoj put u tom mračnom lavirintu.

---

[1] Le Breton, *Clefs de la Philosophie Spagyrique*, Paris, Jombert, 1722, str. 282.

Sl. 20 : Bogorodičina crkva u Parizu – Poznavanje težina

„U drugoj operaciji", piše Nepoznati Vitez[1], „smotreni umetnik fiksira opštu dušu sveta u običnom zlatu i pročišćava zemaljsku i nepomičnu dušu. U toj operaciji, truljenje, koje nazivaju *Gavranova glava*, veoma je dugo. Ono je praćeno trećom multiplikacijom kojoj se pridodaje filosofska materija ili opšta duša sveta."

U tome, jasno je naznačeno, postoje dve uzastopne operacije, od kojih se prva završava a druga počinje posle pojave crne obojenosti, što nije slučaj u kuvanju.

Dragoceni anonimni rukopis iz 18. veka[2] govori, tako, o prvom truljenju koje ne treba mešati sa ostalima:

„Ako materija nije pokvarena i umrtvljena", veli ovo delo, „ne možete ekstrahovati naše elemente i naša načela; i da bismo vam pomogli pred tom teškoćom, daću vam znak da biste je prepoznali. Izvesni Filosofi su je takođe označili. Morijan kaže: potrebno da se u njoj ustanovi *neka kiselost* i da ima *grobni zadah*. Filalet kaže da je potrebno da ona nalikuje *ribljim očima*, to jest malim buteljkama na površini, te da izgleda kao da se peni; jer, to znači da se materija fermentuje i previre. Ova fermentacija je veoma duga i potrebno je biti izuzetno strpljiv, budući da se ona odigrava putem naše *tajne vatre*, koja je jedini delatni element kadar da otvara, sublimira i izaziva trulež."

[1] *La Nature à découvert*, par le Chevalier Inconnu, Aix, 1669.
[2] *La Clef du Cabinet hermétique*, Mss. du XVIIIe siècle, Anon., bez godine izdanja.

No, od svih tih opisa, oni koji se tiču *Gavrana* (ili crne boje) kuvanja znatno su brojniji i proučavaniji, zato što obuhvataju sve odlike ostalih operacija.

Bernar Trevizan[1] se ovako izražava:

„Zapamtite, dakle, da kada naša čorba počne da biva natapana našom permanentnom vodom, tada cela naša čorba počinje da liči na rastopljenu smolu i sva je crna poput uglja. I zbog tog izgleda naša čorba je zvana: *crna smola, spaljena so, rastopljeno olovo, nečisti mesing, Magnezija* i *Jovanova vrana*. Tada se, pak, vidi *crni oblak*, i on lebdeći meko od srednjeg pojasa posude uzdiže se iznad posude; a na dnu ove je rastopljena materija kao smola, i ostaje potpuno rastvorena. O tom oblaku govori Jakov iz Grada Sv. Saturnena, kazujući: O, blagosloveni oblače koji uzlećeš iz naše posude! Tu je eklipsa sunca o kojoj govori Ramon.[2] A kada ova masa tako pocrni, za nju se kaže da je mrtva i lišena svoje forme... Para se očituje u boji živog srebra, crna i smrdljiva, dočim je ranije bila masa suva, bela, mirisna, usijana, pročišćena od sumpora u prvoj operaciji, a sada

---

[1] Bernard Trévisan, *La Parole délaissée*, Paris, Jean Saram 1618, str. 39.

[2] Autor, navodeći jedino ime, pod njim podrazumeva Rajmonda ili, tačnije (katalonski), Ramona Lulja [*Raymond Lulle, Ràmon Lull*, 1235?-1315] (*Doctor Illuminatus*), glasovitog španskog monaha i sholastičkog filozofa upućenog podjednako i u jevrejsku kabalu, muslimansku mistiku, kao i u alhemiju, i uopšte u sva ezoterička znanja svoga doba.

se pročišćava ovom drugom operacijom. I stoga, lišeno je ovo telo svoje duše, koju je izgubilo, i svoje veličajne i čudesne prozirnosti koju je imalo ranije, a sada je crno i ružno... Ova masa tako crna ili pocrnela jeste *ključ*[1], početak i znak savršene invencije za sprovođenje u delo drugostepenog režima našeg dragocenog kamena. Otuda, veli Hermes, kada vidite crnilo, verujete da ste na dobroj stazi i držite se pravog puta."

Batsdorf, pretpostavljeni autor klasičnog rada[2] koji drugi pripisuju Gastonu od Klava, uči da se truljenje deklariše kada se javlja crnilo, i da je ono znak pravilnog rada, saglasnog prirodi. On dodaje: „Filosofi su mu davali različita imena i zvali ga *Zapad, Tama, Eklipsa, Lepra, Glava gavranova, Smrt, Usmrćivanje Merkura*... Izgleda, dakle, da se sa ovim truljenjem odigrava odvajanje čistog i nečistog. Znaci pak dobrog i istinskog truljenja jesu *crnilo*, veoma crno ili veoma duboko, smradni *zadah*, rđav i zarazan, po Filosofima zvan *toxicum et venenum*, zadah koji se *ne da osetiti* čulom mirisa nego samo umom."

Zastanimo ovde s navodima, koje bismo mogli umnožavati bez veće koristi za studenta, i vratimo se hermetičkim figurama Bogorodičine crkve.

---

[1] Naziv *Ključ* daje se svakom radikalnom (to jest *nesvodljivom*) alhemijskom rastvaranju, i ponekad se ovaj izraz proširuje na *menstrue* ili rastvarače kadre da ga izvedu.
[2] *Le Filet d'Ariadne*, Paris, d'Houry, 1695, str. 99.

Sl. 21 : Bogorodičina crkva u Parizu – Kraljica obara Merkura, *Servus Fugitivus*

Drugi bareljef nam podastire priliku filosofskog Merkura: zmija smotana oko zlatnog štapa. Za to uputstvo daje Avram Jevrejin, poznat i pod imenom Eleazar, u knjizi koja je pripadala Flamelu, i to ni najmanje nije iznenađujuće, budući da taj simbol srećemo tokom celog srednjovekovnog razdoblja (sl. 7).

Zmija označava izjedajuću i rastvaračku prirodu Merkura, koji žestoko apsorbuje metalni sumpor i grabi ga tako snažno da njihova kohezija kasnije ne može biti savladana. To je taj „otrovni crv koji zaražava sve svojim otrovom", o čemu govori *Stari rat Vitezova*.[1] Ovaj retki rad ponovo je izdao *Atlantis*, zajedno sa simboličkim frontispisom i njegovim objašnjenjem, koji često nedostaju u starim primercima. Ovaj reptil je vid *Merkura u njegovom prvom stanju*, a zlatni štap je telesni sumpor koji mu je pridodan. Rastvaranje sumpora ili, drugim rečima, njegova apsorpcija od strane merkura [živa], povod je veoma različitim amblemima. Ali, proizvedeno telo, homogeno i savršeno pripremljeno, čuva naziv *Filosofski Merkur* i sliku kaduceja [Merkurova palica]. To je prvorazredna materija ili *čorba*, *vitriolizovano jaje* koje iziskuje samo još postepeno kuvanje da bi se preobrazila najpre u *crveni sumpor*, zatim u *Eliksir*, potom, u trećoj etapi, u *Univerzalni*

---

[1] *Ancienne Guerre des Chevaliers*, delo koje je komentarom upotpunio Limožon de Sen-Didije (Limojon de Saint-Didier), u *Triomphe hermétique* ili *Pierre philosophal victorieuse*, Amsterdam, Weitsten, 1699, i Desbordes, 1710.

medikament. „U našem Delu", tvrde filosofi, „sam Merkur je dovoljan."

Onda dolazi žena s dugom kosom, razvihorenom poput plamena. Personifikujući *Kalcinaciju*, ona uz svoje grudi stiska disk *Salamandra* „koji živi u vatri i hrani se vatrom" (sl. 8). Taj mitski gušter ne označava ništa drugo nego *središnju so*, postojanu i nerastvorljivu, koja čuva svoju prirodu čak i u pepelu kalcinovanih metala, i koju su stari nazivali *Metalno seme*. U žestini delovanja ognja, trošni delovi tela se uništavaju; jedino čisti, nepromenljivi delovi odolevaju i, budući veoma očvrsnuti, mogu se ekstrahovati oceđivanjem.

Takav je, barem, *spagirski* izraz kalcinacije, čijom se sličnošću Autori koriste u navođenju primera za opštu ideju kojom mora biti nošen hermetički rad. Međutim, naši učitelji u Umetnosti brižno upozoravaju čitaoca na fundamentalnu razliku koja postoji između obične kalcinacije, kakva se izvodi u hemijskim laboratorijama, i kalcinacije koju izvodi inicijat u kabinetu filosofa. Potonja se ne odigrava pomoću ikakve obične vatre, nije joj potrebna nikakva reflektujuća površina, već iziskuje pomoć okultnog *agensa*, jedne *tajne vatre*, koja – sudimo li po njenoj formi – više liči na vodu nego na plamen. Ta *vatra*, ili *vatrena voda*, vitalna je iskra koju Tvorac komunicira inertnoj materiji; to je *duh* zatočen u stvarima, *ognjeni zrak*, neiščeziv, zatvoren usred tamne supstance, bezobične i hladne. Ovde dodirujemo najvišu tajnu Dela, i bili bismo srećni da taj Gordijev čvor presečemo radi svih koji streme našoj Nauci (jer, eto, kad se setimo, i mi sami smo bili sputani tom teškoćom više od dvadeset godina), samo kad bi nam bilo dopušteno da profanišemo misteriju čije otkrovenje zavisi od *Oca svetlosti*. Na naše veliko žaljenje, ne možemo da učinimo više nego da upozorimo na podvodni greben i, skupa sa najeminentnijim filosofima, preporučimo pažljivo čitanje Artefija[1], Pontana[2] i malog rada s naslovom *Epistola de Igne Philosophorum*.[3] U tim spisima ćete naći dragocena uputstva o prirodi i karakteristikama spomenute *vodene vatre* ili *ognjene vode*, pouke koje možete upotpuniti sa sledeća dva teksta.

Anonimni autor *Recepata Oca Avrama* kaže: „Tu *prvobitnu i nebesku vodu* potrebno je izvući iz tela u kojem se ona nalazi i koje se, po nama, izražava sa sedam slova koja znače iskonsko seme svih bića, a ono niti je specifikovano niti određeno u Arijesovoj kući za rađanje njegovog sina. Toj vodi su filosofi nadenuli mnoga imena, i ona je univerzalni rastvarač, život i zdravlje svake stvari. Filosofi govore da se u toj vodi sunce i mesec kupaju, a da se i sami rastapaju u vodi, njihovom prvobitnom poreklu. U tom razlaganju, rečeno je, oni umiru, ali njihovi duhovi lebde nad voda-

---

[1] *Le Secret Livre d'Artephius*, in *Trois Traitez de la Philosophie naturelle*, Paris, Marette, 1612.

[2] Pontanus, *De Lapide Philosophico*, Francofurti, 1614.

[3] Rukopis u Nacionalnoj biblioteci u Parizu, 19969.

ma toga mora u koje su bili uronjeni... Mnogi govore, sine moj, da postoji niz načina za rastapanje tih tela, ali ti se drži onoga kojeg ti ja savetujem, zato što sam ga upoznao putem iskustva i onako kako su nam ga naši stari preneli."

Tako piše i Limožon de Sen-Didije: „...*Tajna vatra* Mudraca je vatra koju umetnik priprema prema Umetnosti, ili je barem mogu pripremati oni sa savršenim poznavanjem hemije. Ova vatra nije doista topla, već je *ognjeni duh* uveden u sadržinu koja je iste prirode kao Kamen; i, budući donekle podstaknut spoljašnjom vatrom, *kalcinira* ga, rastvara ga, sublimiše i *rastapa ga u suvoj vodi*, kao što to kaže Kosmopolita."

Uostalom, ubrzo ćemo otkriti druge figure koje se odnose bilo na fabrikaciju, bilo na svojstva te *tajne vatre zatočene u izvesnoj vodi*, koja sazdaje univerzalni rastvarač. Materija, pak, koja služi za njeno pripremanje upravo je predmet četvrtog motiva: čovek izlaže sliku *Ovna* i drži, u desnoj ruci, predmet kojeg je, na nesreću, nemoguće danas odrediti (sl. 9). Da li je to mineral, odlomak nekog simboličkog atributa, instrument ili, pak, komad tkanine? Ne znamo. Tuda su prošli vreme i vandalizam. Ipak, *Ovan* traje, a čovek, hijeroglif muškog metalnog načela, prikazuje njegovu figuru. To nam pomaže da shvatimo ove Pernetijeve reči: „Adepti kazuju da svoj *čelik* izvlače iz stomaka *Arijesa*, a taj *čelik* nazivaju i *magnet*."

Na to se nadovezuje *Evolucija* koja pokazuje oriflam [barjačić] s tri trake, trojstvo *boja Dela*, što je opisano u svim klasičnim radovima (sl. 10).

Te boje, tri na broju, razvijaju se po nepromenljivom redu koji ide od *crne* preko *bele* do *crvene*. Ali, kako priroda, po staroj izreci – *Natura non facit saltus* – ne čini ništa „preko kolena", između te tri glavne postoje mnogi međustepenici. Umetnik o njima vodi malo računa, pošto su te međuboje površne i prolazne. One svedoče jedino o kontinuitetu i progresiji unutrašnjih mutacija. Što se tiče bitnih boja, one traju duže od rečenih prelaznih nijansi i zadiru duboko u samu materiju, obeležavajući promenu stanja u njenom hemijskom ustrojstvu. To nisu tek neki neuhvatljivi, više ili manje sjajni odblesci koji iskre na površini tečnosti, nego obojenosti u samom središtu *mase* koje izranjaju napolje i upijaju sve druge. Bilo bi dobro, verujemo, da preciziramo tu važnu tačku.

Specifične za kuvanje u praktičnom izvođenju Veledela, te obojene faze uvek su služile kao simbolički prototip. Svakoj od njih se pripisuje precizno značenje, i često prilično opsežno, u izražavanju izvesnih konkretnih istina ispod njihovog vela. Otuda, u svim vremenima, postoji *jezik boja*, tesno povezan s religijom, kako to kaže Portal[1], i koji iskrsava, u Srednjem veku, u vitražima gotskih katedrala.

---

[1] Frédéric Portal, *Des Couleurs Symboliques*, Paris, Treuttel et Würtz, 1857, str. 2.

Sl. 22 : Bogorodičina crkva u Parizu – Saturnov režim

Crna boja pridavana je Saturnu koji, u spagiriji, postaje hijeroglif za *olovo*, u astrologiji zlokobna planeta, u hermetici *crni zmaj* ili *olovo Filosofa*, u magiji *Crna kokoš*, itd. U hramovima Egipta, kada bi novi član dospeo do završne tačke inicijacijskih iskušenja, jedan sveštenik bi mu se primakao i u uho mu šapnuo sledeću tajanstvenu rečenicu: „Seti se da je Oziris *crni bog!*" To je simbolička boja Tame i *Cimerijskih senki*, boja Satane, kome se žrtvuju *crne ruže*, a i boja prvobitnog *Haosa* gde je pomešano i zbrkano seme sviju stvari; to je i *pesak* iz heraldičke nauke i amblem elementa *zemlja*, *noći* i *smrti*.

Kao što dan, u knjizi *Postanja*, dolazi posle noći, svetlost dolazi posle tame. Njena je oznaka *bela* boja. Dospevši do tog stepena, Mudraci tvrde da je njihova materija izbacila iz sebe svu nečistoću, savršeno oprana i izuzetno strogo pročišćena. Tada ona poprima vid čvrstih granula ili sjajnih čestica, s dijamantskim odrazom i blistavom belinom. Belo se, takođe, koristi za čistotu, jednostavnost, čednost. Bela boja je boja Inicijata, zato što čovek koji napušta tamu da bi sledio svetlost prelazi iz profanog stanja u stanje *iniciranog*, *čistog*. On je duhovno preporođen. „Termin *Belo*", kaže Pjer Dižol, „izabran je iz veoma dubokih filosofskih razloga." Bela boja – i to potvrđuje većina jezika – uvek je označavala *uznositost, bezazlenost, čistotu*. Prema čuvenom Gesenijevom *Rečniku-Priručniku hebrejskog i haldejskog* – *hur, heur* znači *biti beo*; a *hurim, heurim* označava *plemenite, bele, čiste*. Više ili manje varijabilna, ova transkripcija hebrejskog (*hur, heur, hurim, heurim*) vodi nas do reči *heureux* [srećan]. *Bienheureux* [blagosloveni] – oni koji su bili regenerisani kupanjem u krvi Jagnjeta – uvek su predstavljani u beloj odeći. Svakome je znano da je *blagosloven* i ekvivalent, sinonim za *inicijata, plemenitog, čistog*. A *inicijati* su bili u *belome*. Tako su se odevali i *plemeniti*. U Egiptu su seni mrtvih takođe u *belome*. Ptah, *Preporoditelj*, bio je obučen isto u *belo* da bi ukazivao na novo rađanje *Čistih* ili *Belih*. *Katari*, sekta kojoj su pripadali *Beli* iz Firence, bili su *čisti* (od grčkog Καθαρός). Na latinskom, na nemačkom, na engleskom, reči *Weiss, White*, znače *belo, srećno, duhovno, mudro*. Na hebrejskom, pak, *schher* karakteriše prelaznu crnu boju, to jest *profanog koji traži [cherchant] inicijaciju*. „Crni Oziris, koji se javlja na početku posmrtnog obreda", kaže Portal, „predstavlja to stanje duše koja prelazi iz *noći* u *dan*, iz *smrti* u *život*."

Što se tiče *crvenog*, simbola vatre, ono obeležava egzaltaciju, predominaciju duha nad materijom, suverenost, moć i apostolstvo. Dobijen u vidu crvenog kristala ili praha, *isparljivog* i rastopivog, filosofski kamen [kamen mudrosti] biva penetrabilan i kadar da *leči leprozne*, naime da u zlato transmutuje proste metale koje njihova oksidabilnost čini inferiornim, nesavršenim, „bolesnim i slabim".

Tako, u *Knjizi slika*, Paracelzus govori o uzastopnim obojenostima Dela: „Premda postoje nekoliko osnovnih boja – jer plavetna boja pripada delimice zemlji, zelena vodi, žuta vazduhu, crvena vatri – bela i crna boja se, međutim, odnose neposredno na spagirsku umetnost, u kojoj nalazimo i četiri prvobitne boje, što će reći *crno, belo, žuto i crveno*. No, *crno je koren i izvorište ostalih boja*, jer svaka crna materija može biti reflektovana u vremenskom roku koji joj je za to neophodan, tako da će se tri ostale boje pojavljivati uzastopno i svaka u svome trenutku. Bela boja sledi za crnom, žuta za belom, a crvena za žutom. Svaka materija, pak, koja dospe do četvrte boje putem odbijanja svetla, jeste *tinktura* stvari od njene vrste, to jest od njene prirode."

Da bismo dočarali doseg simbolike boja, a posebno tri glavne boje Dela, primetimo da je *Devica* uvek predstavljena odevena u *plavo* (koje odgovara *crnom*, kao što ćemo kasnije pokazati), *Bog* u *belo*, *Hristos* u crveno. To su nacionalne boje francuske zastave koju je, uostalom, komponovao nesumnjivi mason Luj David. Na toj zastavi *tamnoplavo ili crno* predstavlja buržoaziju, belo je rezervisano za narod, za *pjeroe* ili seljake, a crveno za *izvršnu vlast* ili kraljevstvo. U Haldeji, zigurati, koji su obično bili trospratne kule, čijoj kategoriji je pripadala čuvena *Vavilonska kula*, obojeni su s tri boje: *crna, bela* i *crveno-purpurna*.

Do sada smo govorili o bojama teorijski, kao što su to pre nas činili Učitelji, saglasno filosofskoj doktrini i tradicionalnom izražavanju. Možda bi sada valjalo, u korist Sinova nauke, da pišemo pre praktično nego spe-

Sl. 23 : Bogorodičina crkva u Parizu – Tema Mudraca

kulativno, i da tako otkrijemo razliku između sličnosti i realnosti.

Malo se filosofa usudilo da se upusti na ovaj klizavi teren. Opisujući hermetičku sliku[1] koju je posedovao, Etela[2] nam je sačuvao legende ispisane uz nju. Među njima je, donekle iznenađujući, savet koji zaslužuje da bude poslušan: *Ne vezujte se suviše za boju.* – Šta to znači? Kad preporučuju, ne obmanjuju li stari autori svoje čitaoce? I kojim bi putokazom Hermesovi učenici trebalo da zamene obesnažene boje da bi prepoznali i sledili pravi put?

Tražite, braćo, ne obeshrabrujući se, jer ovde, kao i na drugim tamnim mestima, valja uložiti znatan napor. Imali ste priliku, na mnogim mestima vaših radova, da pročitate da filosofi ne govore jasno samo kada hoće da profane odstrane od svog *Okruglog stola*. Opisi koje daju o svojim *procesima*, kojima pripisuju amblematsku obojenost, savršeno su razgovetni. No, iz njih morate da zaključite da su te tako dobro opisane opservacije lažne i himerične. Vaše knjige su zapečaćene, poput knjige Apokalipse, kabalističkim žigovima. Potrebno je da ih lomite jedan po jedan. Zadatak je mučan, priznajemo, ali pobediti bez opasnosti jeste trijumfovati bez slave.

---

[1] Ta slika je naslikana sredinom 17. veka.
[2] Up. le *Denier du Pauvre* ou la *Perfection des métaux*, Paris (oko 1785), str. 58.

Naučite, dakle, ne po čemu se neka boja razlikuje od druge, nego pre po čemu se neki *proces* izdvaja od sledećeg. A najpre, šta je to *proces*? – Sasvim prosto, to je način *vegetiranja*, održavanja i rasta života koji je vašem kamenu dat s njegovim rođenjem. To je, dakle, *modus operandi*, koji ne mora obavezno biti preveden uzastopnošću različitih boja. „Onoga ko spozna *Proces*", piše Filalet, „počastvovaće kneževi i velikani zemlje." Isti autor dodaje: „Od vas ne skrivamo ništa osim *Procesa*." Ali, da nam, zbog otkrivanja onoga za šta su filosofi verovali da mora ostati u senci, ne bi na glavu palo njihovo prokletstvo, zadovoljićemo se da pokažemo da *Proces kamena*, naime njegovo kuvanje, *sadrži mnoge druge procese*, i da se odigravaju mnoga ponavljanja jednog i istog načina operisanja. Reflektujte, pribegavajte analogijama i, naročito, nikada ne izbegavajte jednostavna prirodna načela. Pomislite da treba da svakodnevno jedete da biste *održavali svoju vitalnost*; da vam je počinak neophodan zato što on doprinosi, s jedne strane, varenju i asimilaciji hrane i, s druge, obnavljanju ćelija istrošenih svagdanjim radom. Štaviše, ne morate li da često izbacujete izvesne heterogene produkte, otpatke i ostatke koji se nisu asimilovali?

Tako je i vašem kamenu potrebna hrana da bi bila uvećavana njegova snaga, a ta hrana mora biti odmeravana, pa i menjana u nekom trenutku. Najpre dajte mleko; telesni proces, supstancijalniji, dolazi kasnije. I ne propuštajte, posle svakog varenja, da uklonite izlučevine, jer bi mogle zaraziti vaš kamen... Sledite, dakle, prirodu i pokoravajte joj se što vernije možete. I shvatićete kako valja kuvati kada ste postigli savršeno poznavanje Procesa. I bolje ćete razumeti upozorenje koje Tolije[1] upućuje suflerima, tim robovima doslovnog značenja: „Odlazite već jednom, vi koji bezmalo bolesno tragate za vašim bojama u vašim staklenim posudama. Zamarate mi uši s vašim crnim *gavranom*, i ludi ste poput onog čoveka iz starine koji je navikao da pljeska u pozorištu, mada je bio sam, pošto je neprestano zamišljao da mu je pred očima neki novi prizor. Tako i vi činite kada, lijući suze radosnice, zamišljate da u svojim sudovima vidite vašu belu *golubicu*, vašeg žutog *orla* i vašeg crvenog *fazana*! Odlazite, kažem vam, odlazite dalje od mene ako za kamenom mudrosti tragate u nekoj nepomičnoj stvari, jer takav neće prodreti u metalna tela ništa više nego što bi čovečije telo moglo da prođe kroz najčvršće zidove...

Eto šta ja imam da vam kažem o *bojama*, kao i o budućnosti vaših nekorisnih radova. A tome ću dodati samo još reč o mirisu.

Zemlja je crna, Voda je bela, a vazduh, što je bliži suncu, sve je žući, eter je, pak, potpuno crven. Smrt je, takođe, kao što se veli, crna, život je pun svetla. Svetlost je čistija što se više primiče anđeoskoj prirodi, a

---

[1] J. Tollius, *Le Chemin du Ciel Chymique*, prevod dela *Manuductio ad Coelum Chemicum*, Amstelædami, Janss. Waesbergios, 1688.

anđeli su čisti vatreni duhovi. Sada, zadah mrtvaca ili leša, nije mučan i neugodan čulu mirisa? Tako, smradni zadah, kod Filosofâ, denotira nepomičnost; prijatni miris, naprotiv, znak je pokretnosti, zato što je blizak životu i toploti."

Vraćajući se na fasadnu osnovicu Bogorodičine crkve, na šestom mestu nalazimo *Filosofiju*, na čijem disku je otisak krsta. To je izraz četvorstva elemenata i oznaka dva metalna načela, *sunce* i *mesec*, ili sumpor i živa, po Hermesu: roditelji kamena (sl. 11).

4

Motivi koji ukrašavaju desnu stranu manje su zahvalni za tumačenje; pocrneli i izjedeni, svoju oštećenost posebno duguju okrenutosti te strane trema. Šibani zapadnim vetrovima, sedam vekova olujnih rafala brisalo ih je dotle da su neki od njih svedeni u stanje nejasnih obrisa.

Na sedmom bareljefu iz ovog niza – prvi zdesna – opažamo vertikalni presek Atanora i interni uređaj za održavanje filosofskog jajeta; u desnoj ruci lika je neki kamen (sl. 12).

U sledećem krugu vidimo upisanog grifona. Mitsko čudovište, čije su glava i grudi od *orla*, a ostatak tela uzet od *lava*, inicira istraživača u protivstavljena svojstva koja nužno treba združiti u filosofskoj materiji (sl. 13). U tom prizoru nalazimo hijeroglif *prvog poveziva-*

nja, koje se izvodi tek postepeno, saglasno onom napornom i strpljivom radu kojega filosofi nazivaju svojim *orlovima*. Niz operacija, čiji skup završava intimnim sjedinjavanjem sumpora i žive, naziva se i *Sublimacija*. Upravo sistematskim ponavljanjem *Orlova* ili *Filosofskih sublimacija* aktivirana živa se oslobađa svojih grubih i zemnih delova, svoje površinske vlažnosti, i poseže za čvrstim telom koje rastvara, apsorbuje i asimiluje. *Pustiti orla da poleti* jeste, po hermetičkom izrazu, *pustiti svetlost da iziđe* iz groba i *izvesti je na površinu*, što je osobina svake *istinske sublimacije*. O tome nas poučava priča o Teseju i Arijadni. U ovom slučaju, Tesej je [gr.] θεσ-είος, *uređena, manifestovana svetlost*, koja se odvaja od *Arijadne*, *pauka* [araignée] usred svoje mreže – *kristala*, prazne *ljušture, čaure, leptirove čaure* (Psiha). „Znajte, brate moj", piše Filalet[1], „da tačna priprema *Letećih orlova* jeste prvi stupanj savršenstva, i da biste ga spoznali potreban je majstorski i spretni duh... Da bismo dospeli dotle, mnogo smo rada uložili i znoja prolili; noći smo provodili bez sna. Tako, vi koji ste tek počeli, budite uvereni da u prvoj operaciji nećete uspeti bez mnogo rada...

Razumite stoga, brate moj, ono što govore Mudraci kad ističu da svoje orlove navode da pojedu lava; i što se orlovi manje koriste, borba je napornija i više je teš-

[1] Lenglet-Dufresnoy, *Histoire de la Philosophie Hermétique – L'Entrée au Palais Fermé du Roy*, t. II, str. 35, Paris, Coustelier, 1742.

koća na putu do pobede. A za usavršavanje našeg Dela potrebno je najmanje *sedam orlova*, a trebalo bi koristiti čak i *devet*. I naš filosofski Merkur je *Hermesova ptica*, koja se naziva i imenom *Guska* ili *Labud*, a pokatkad *Fazan*."

Kalimah opisuje *sublimacije* kada u *Himni Delosu* (st. 250, 255), govoreći o *labudovima*, kaže:

[gr.] ... εχυχλωσαντο λίποντες
Εβδομαχὶς περὶ Δηλον...
Ογδῖν ουχ ετ αεὶσαν, ο δ᾽ εχθορεν.

„(Labudovi) obleteše *sedam puta* Delos... i osmi put još nisu zapevali kad se rodi Apolon."

To je varijanta procesije koju je Jošua vodio *sedam puta* oko Jerihona, čiji zidovi padoše pre osmog puta (Jošua, gl. 6, st. 16).

Da bi naznačili silovitost borbe koja prethodi našem povezivanju, Mudraci su uveli simbole *dve prirode – Orao i Lav –* jednake snage, ali suprotnih naravi. Lav simbolički prevodi zemnu i nepokretnu silu, dok orao izražava vazdušnu i pokretnu silu. Suočeni, ta dva čelnika se obrušavaju jedan na drugog, potiskuju, međusobno satiru takvom energijom da, naposletku, orao gubi krila, a lav glavu, te su protivnici srasli u isto telo, svojstva srednjeg i supstance homogene, u *aktivnu živu*.

U vreme već davno kada smo se, studirajući sublimnu Nauku, usredsređivali na misteriju ispunjenu teškim enigmama, sećamo se da smo videli divnu zgradu čija nas je dekoracija, odražavajući naše hermetičke preokupacije, iznenadila. Iznad ulaznih vrata, dva deteta, dečak i devojčica, upleteni, odmiču i podižu veo kojim su pokriveni. Njihova prsa se pomaljaju iz gomile cvetova, lišća i plodova. Na kruni ugla zgrade dominirao je bareljef. Na njemu je prikazana simbolička borba orla i lava, o kojoj smo upravo govorili, i lako je pogoditi da je arhitekta imao muke da smesti taj masivni amblem, nametnut od neke bespogovorne i nadmoćne volje[1]...

Deveta tema nam omogućava da još više prodremo u tajnu pravljenja *Univerzalnog rastvarača*. Tu jedna žena označava – alegorijski – materijale neophodne za konstruisanje hermetičkog *lonca*. Ona diže drvenu

---

[1] Ta zgrada, sazidana od tesanog kamena i podignuta na šest spratova, nalazi se u 12. pariskom arondismanu, na uglu Bulevara Pereire i Ulice Monbel. I u Tusonu, blizu Malerba (Sena-i-Oaza), izvesna stara kuća iz 18. veka, prilično prostrana, nosi na svojoj fasadi, izgraviran slovima toga doba, sledeći natpis, čiji raspored i pravopis zadržavamo:

Zemljodelac
me je sagradio.
nepristrano i marno,
nazvao me je LEPI KAMEN [PIERRE BELLE].
1762.

(Alhemija je bila nazivana i *Nebeska zemljoradnja*, a njeni adepti – *zemljodelci*.)

Sl. 24 : Bogorodičina crkva u Parizu – Ulazak u svetilište

dasku, koja je nalik dugi za bure, čiji nam je smisao otkriven *hrastovom* granom na štitu. Ovde ponovo nalazimo *misteriozni izvor*, izvajan na potpornju trema, ali gest našeg ženskog lika odaje duhovnost te supstance, te *prirodne vatre*, bez koje ništa ovde dole ne može da raste niti vegetira (sl. 14). To je taj duh, rasprostrt po površini zemaljske kugle, kojeg istančani i ingeniozni umetnik mora da pripitomi postupno u toku njegove materijalizacije. Dodaćemo još da je potrebno i posebno telo koje služi kao sabirnik, upijajući medijum u kojem je načelo kadro da ga primi i „otelovi". „Koren naših tela", vele Mudraci, „jeste u vazduhu, a njihove krošnje u zemlji." To je onaj *magnet* zatvoren u Arijesovom stomaku, kojeg valja brzo i spretno uzeti u času njegovog nastanka.

„Voda kojom se služimo", piše anonimni autor *Ključa Hermetičkog kabineta*, „jeste voda koja u sebi sabira sva svojstva neba i zemlje. Zato je ona *Opšti rastvarač cele prirode*, i kao takva ona otvara vrata našeg hermetičkog i kraljevskog kabineta. U njoj su naš Kralj i naša Kraljica, i ona je njihovo kupatilo... To je Trevizanova fontana u kojoj se Kralj oslobađa svog purpurnog plašta i ogrće se crnom odorom... Istina je da je tu vodu teško imati, i to je podstaklo Kosmopolitu, u njegovoj Enigmi, da kaže da je ona bila retka na ostrvu... Taj autor nam je posebno ističe ovim rečima: ona nije slična vodi iz oblaka, ali izgleda poput nje. Na drugom mestu, opisuje nam je pod imenom *čelika* i *magneta*, jer ona je odista magnet koji sebi privlači sve uticaje neba, sunca, meseca i zvezda da bi ih prenela zemlji. On kaže da se taj *čelik* nalazi u *Arijesu*, koji označava i početak Proleća kada sunce prolazi pod znakom *Ovna*... Flamel daje za to, u *Figurama Avrama Jevrejina*, prilično tačnu sliku. On nam oslikava stari *šuplji hrast*[1], otkuda izbija voda, i tom vodom jedan baštovan zaliva bilje i cveće u leji. Stari *hrast*, koji je šupalj, obeležava *bure* koje je načinjeno od hrastovine, i u kojem voda treba da prevre za zalivanje bilja, i koja je znatno bolja od sveže vode... Tu je upravo mesto na kojem se otkriva jedna od velikih tajni Umetnosti, koju su filosofi sakrili, bez koje *lonac* ne bi mogao da izazove truljenje i pročišćenje naših elemenata, kao što ni vina ne bi bilo bez previranja u buretu. Ali, kao što je bure načinjeno od hrastovog drveta, tako i hermetički lonac mora biti od drveta starog hrasta, i iznutra zaobljen kao polulopta, i čije su ivice veoma ojačane. U nedostatku ovoga, mogu da posluže i dve bačve, jedna poklopljena drugom. Gotovo svi filosofi su govorili da je taj *lonac* apsolutno nužan za operaciju. Filalet ga opisuje u priči o zmijcu Pitonu koga je Kadmo naskroz pribio uz jedno hrastovo stablo. Postoji i slika u knjizi *Dvanaest Ključeva*[2] koja

---

[1] Vid. ovde *supra*, na str. 80, napomenu 2.

[2] Up. *Douze Clefs de Philosophie* de Frère Basile Valentin, Paris, Moët, 1659, clef 12 (ovo delo je izdavačka kuća Minuit, Paris, ponovo objavila 1956.).

prikazuje tu istu operaciju i *lonac* u kojem se ona izvodi i odakle izbija veliki oblak dima, znak fermentacije i ključanja te vode; a taj dim odlazi put prozora kroz koji se vidi nebo i na njemu sunce i mesec kao znameni *porekla te vode* i njenih svojstava. To je naša *živina komina* koja silazi s neba na zemlju i penje se sa zemlje na nebo."

Naveli smo ovaj tekst zato što može biti koristan, uz uslov, međutim, da umete da ga pročitate oprezno i razumete ga mudro. Ovde zaslužuje da bude ponovljena izreka draga adeptima: duh oživljava, ali slovo ubija.

Evo nas sada pred jednim veoma složenim simbolom, simbolom *Lava*. Složenim, budući da ne možemo da se, pred aktualnom golotinjom kamena, zadovoljimo jednim jedinim objašnjenjem. Mudraci pridaju lavu razne odlike, bilo da bi izrazili aspekt supstanci s kojima rade, bilo da bi označili neko njihovo naročito i presudno svojstvo. U amblemu Grifona (osmi motiv) videli smo da je lav, kralj zemaljskih životinja, predstavljao nepokretni, bazični sastojak smeše, nepomičnost koja je, u dodiru s protivstavljenom pokretnošću, gubila najbolji deo sebe, upravo onaj koji je karakterisao njegovu formu, to jest, hijeroglifski rečeno, glavu. Ovoga puta moramo da ispitamo samu životinju, a ne znamo u kojoj boji je ona izvorno oslikana. *Lav* je, uglavnom, *znak zlata*, kako alhemijskog tako prirodnog. On prevodi, dakle, fizičkohemijske osobine tih tela. No, tekstovi isto ime daju receptivnoj materiji

117

Sl. 25 : Bogorodičina crkva u Parizu – Rastvaranje / Borba dveju priroda

Univerzalnog duha, tajne vatre u izradi rastvarača. U oba slučaja reč je uvek o jednoj interpretaciji snage, nepokvarljivosti, savršenstva, kao što to, uostalom, dovoljno pokazuje junak sa uzdignutim mačem, vitez u žičanoj pancirnoj košulji i koji predstavlja kralja u alhemijskom bestijarijumu (sl. 15).

Prvi magnetski agens koji služi za pripremanje rastvarača – kojem su izvesni nadenuli ime *Alkaest* – naziva se *Zeleni lav*, ne zato što je zeleno obojen, nego što još nije stekao one mineralne karakteristike koji hemijski razlikuju stanje ostarelosti od nascentnog stanja. Kad se uporedi s *crvenim* i *zrelim*, to je *zelen i gorak* plod. To je metalna mladost koju Evolucija nije načela, ali koja sadrži latentnu klicu realne energije, pozvanu da se docnije razvije. To je arsen i olovo prema srebru i zlatu. To je aktualno nesavršenstvo iz kojeg će proisteći najveće buduće savršenstvo; rudiment našeg embriona, embriona našeg kamena, kamena našeg Eliksira. Izvesni adepti, Bazil Valentin među njima, nazivali su ga *Zeleni vitriol* da bi istakli njegovu toplu, vatrenu i slanu prirodu; drugi su ga zvali *Smaragd filosofa, Majska rosa, Saturnska trava, Biljni kamen* itd. „Naša voda poprima nazive lišća sveg drveća, samog drveća, i svega što dočarava zelenu boju, s naumom da prevari bezumne", kaže Majstor Arno iz Vilanove.

Što se tiče *Crvenog lava*, to nije ništa drugo, po filosofima, nego ista materija, naime *Zeleni lav*, pomoću izvesnih postupaka doveden do specijalnog svojstva koje karakteriše hermetičko zlato ili *Crvenog lava*. Zbog toga Bazil Valentin savetuje: „Rastvori i nahrani istinskog Lava krvi zelenim Lavom, jer nepomična krv crvenog Lava načinjena je od isparljive krvi zelenog, zato su oni oba iste prirode."

Od ovih tumačenja, koje je pravo? – To je pitanje koje, priznajemo, ne možemo da rešimo. Simbolički lav bio je, bez ikakve sumnje, obojen ili pozlaćen. Neki trag cinobera, malahita ili metala odmah bi nas izveo iz neprilike. Ali, ništa nije opstalo, ništa osim nagrizenog krečnjaka, sivkastog i neuglađenog. Kameni lav čuva svoju tajnu!

Ekstrakcija crvenog i nerastopivog Sumpora manifestovana je figurom čudovišta u kome su kombinovani istovremeno petao i lisica. To je isti simbol kojim se služi Bazil Valentin u trećem od svojih *Dvanaest Ključeva*. „To je onaj vrhunski plašt sa Zvezdanom solju, veli adept, koji prati nebeski sumpor, čuvajući ga brižno da se ne ukvari, i čineći da leti kano ptica, ukoliko je potrebno; a petao će pojesti lisicu, i udaviti je u vodi, da bi ga zatim, oživevši putem vatre, pojela lisica (i svakome od njih uloga se naizmenično menja)" (sl. 16).

Na par lisica-petao nadovezuje se *Bik* (sl. 17).

Viđen kao zodijački znak, to je drugi mesec pripremnih operacija u prvom delu, i prvi proces elementarne vatre u drugom. U praksi, bik i govedo posvećeni su suncu, kao što je krava posvećena mesecu, te on oličava Sumpor, muško načelo, pošto je sunce, metaforički rečeno, po Hermesu, Otac kamena. Bik i krava, sunce i mesec, sumpor i živa jesu, dakle, hijeroglifi sa istovetnim značenjem i označavaju prvorodne protivstavljene prirode, *pre njihovog povezivanja*, prirode koje je Umetnost ekstrahovala iz nesavršenih mešavina.

5

Od dvanaest medaljona koji ukrašavaju fasadnu osnovicu, obratićemo pažnju na deset; dve teme su, u stvari, odveć oštećene da bi im bilo moguće ustanoviti smisao. Proći ćemo, dakle, sa žaljenjem pored bezobličnih ostataka petog (leva strana) i jedanaestog medaljona (desna strana).

Počevši od potpornja koji polovi središnji trem severnog portala, prvi motiv nam izlaže konjanika izbačenog iz sedla, koji je ščepao grivu pomahnitalog konja (sl. 18). Ova alegorija se odnosi na ekstrakciju nepomičnih, središnjih i čistih delova od isparljivih ili eteričnih, u filosofskom *Rastvaranju*. To je zapravo prečišćavanje dobijenog duha i ponovno *delovanje* tog duha na tešku materiju. Hat, simbol brzine i lakoće, označava duhovnu supstancu; njegov jahač ukazuje na teret grubog metalnog tela. Na svaku kohobaciju[1], konj zbacu-

---

[1] La *cohobation* – proces vraćanja destilata u masu iz koje je destilisan i ponovno destilisanje (*prim. prev.*).

je svog jahača, naime ono što je isparljivo napušta ono što je nepomično. Ali, konjanik se odmah oporavlja, i to u meri da pobeđena i pokorena životinja pristaje da bude čvrsto zauzdana i više ne može da se oslobodi. Apsorpcija nepomičnog u isparljivom izvodi se lagano i mučno. Da biste u tome uspeli, neophodno je mnogo strpljenja i istrajnosti, i potrebno je da često ponavljate izlivanje vode na zemlju, duha na telo. I jedino takvom tehnikom, dugom i napornom, uspećete da ekstrahujete okultnu *so* iz *Crvenog lava* pomoću duha iz *Zelenog lava*. Hat iz Bogorodičine crkve je isti kao krilati *Pegaz* iz mitske priče (koren gr. πηγή, *izvor*). Poput njega, zbacuje svoje jahače na tlo, zvali se oni Persej ili Belerofont. Upravo on prenosi *Perseja*, kroz vazduh, do *Hesperida*, i udarcem kopita otvara *izvor Hipokren* na brdu Helikonu, kojeg je, vele, otkrio *Kadmo*.

Na drugom medaljonu, Inicijat nam jednom rukom pokazuje *ogledalo*, dok drugom podiže Amaltejin rog, a pored njega se vidi *Drvo života* (sl. 19). Ogledalo simbolizuje početak rada, Drvo života označava njegov svršetak, a rog izobilja – ishod.

Alhemijski, prva materija, koju umetnik mora da izabere da bi započeo s radom, nazvana je *Ogledalo umetnosti*. „Ona je među Filosofima", kaže Moras de Repur[1], „uglavnom poznata kao *Ogledalo umetnosti*, jer

---

[1] De Respour, *Rares Expériences sur l'Esprit minéral*, Paris, Langlois et Barbin, 1668.

se pretežno putem nje uči o kompoziciji metala u žilama zemlje... I rečeno je da nas jedino indikacija prirode može poučiti." Na isto ukazuje Kosmopolita[1] kada, govoreći o Sumporu, kaže: „U njegovom kraljevstvu, postoji *ogledalo* u kojem se vidi ceo svet. Ko god gleda u to *ogledalo* može da vidi i da nauči tri dela sveukupne Mudrosti i da, tako, postane veoma učen u tri kraljevstva, kao što su to bili Aristotel, Avicena i mnogi drugi. Oni su, baš kao i njihovi prethodnici, videli u tom *ogledalu* kako je svet bio stvoren." U svom *Testamentumu*, Bazil Valentin piše isto: „Celokupno telo *Vitriola* može biti prepoznato jedino kao *Ogledalo filosofske Nauke*... To je Ogledalo u kojem sjaji i javlja se naš Merkur, naše Sunce i naš Mesec, i njime na časak možete pokazati i dokazati nevernom Tomi slepilo njegovog krajnjeg neznanja." U svom *Mito-hermetičkom rečniku* Perenti nije naveo tu odrednicu: ili nije za nju znao ili ju je hotimično ispustio. Toliko vulgarizovana i prezrena, ta tema postaje kasnije *Drvo života*, Eliksir ili Kamen mudrosti, remek-delo prirode potpomognute ljudskom veštinom, čisti i bogati alhemijski alem-kamen. To je apsolutna metalna sinteza koja srećnom vlasniku tog blaga osigurava trostruku povlasticu znanja, sreće i zdravlja. I to je rog izobilja, neiscrpni izvor materijalne blagodeti u našem zemnom svetu. Podsetimo se, naj-

---

[1] *Nouvelle Lumière chymique. Traité du Soufre*, str. 78, Paris, d'Houry, 1649.

zad, da je *ogledalo – atribut Istine, Smotrenosti i Nauke* kod svih grčkih pesnika i mitotvoraca.

Evo sada alegorije o *teretu prirode:* alhemičar skida veo koji je obavijao vagu (sl. 20).

Nijedan od filosofa nije bio baš pričljiv u slučaju tajne tereta. Bazil Valentin se zadovoljio da kaže da bi trebalo „dati belog labuda u zamenu za čoveka dvaput provučenog kroz vatru", što korespondira sa *Sigillum Sapientum* Hugina iz Barme, gde umetnik drži vagu čiji je jedan tas uravnotežen drugim u približnom odnosu dva prema jedan. U svojoj *Raspravi o Soli*, Kosmopolita je još manje precizan: „Teret vode", kaže on, „mora biti pluralan, a teret zemlje, s lisjem belim ili crvenim, mora biti singularan." Autor *Bazilovskih aforizama*, ili *Hermetičkih kanona Duha i Duše*[1], piše u kanonu 16: „Naše hermetičko delo počinjemo objedinjivanjem triju načela pripremljenim u izvesnoj srazmeri, a koja počiva u teretu tela koje mora izjednačiti duh i dušu, bezmalo pola od nje." Ako su o njemu govorili Ramon Lulj i Filalet, mnogi su bili skloniji ćutnji; neki su pretendovali da priroda jedina raspodeljuje količine po tajanstvenom skladu kojeg Umetnost ne poznaje. Ove protivrečnosti su tek prividne. U stvari, mi znamo da filosofska živa proishodi iz apsorpcije izvesnog dela sumpora od strane određene količine žive; otuda je neophodno tačno poznavati recipročne proporcije sas-

---

[1] Odštampanim u nastavku *Œuvres tant Médicinales que Chymiques*, du R. P. de Castaigne, Paris, de la Nove, 1681.

tojaka, ukoliko se operacija izvodi na starinski način. Nije potrebno dodati da su te proporcije izvedene iz sličnosti i pokrivene tamom, čak i kod najotvorenijih autora. Ali, s druge strane, moramo primetiti da je mogućno supstituisati obično zlato s metalnim sumporom. U tom slučaju, višak rastvarača uvek može biti izlučen destilacijom, a teret je onda na domaku proste procene gustine. Kao što vidimo, vaga je dragoceni instrument za određivanje na starinski način, iz kojeg zlato, izgleda, mora biti isključeno. Čujemo da se govori o običnom zlatu koje nije pretrpelo ni *egzaltaciju* ni *transfuziju*, operacije koje ga, modifikujući njegove fizičke osobine i odlike, održavaju čistim pri radu.

Posebno i retko korišćeno rastvaranje našlo je izraza na jednom od ukrasa koje ispitujemo. U pitanju je rastvaranje običnog živog srebra radi dobijanja *opšte žive* Filosofa, koju ovi nazivaju „naša" živa da bi je razlikovali od tečnog metala od kojeg potiče. Koliko god često sretali prilično rasprostranjene opise ove teme, nećemo sakriti da nam takva operacija izgleda hazardna, pa čak i sofistička. U duhu autora koji su o njoj govorili, obična živa, rasterećena od svih nečistoća i potpuno aktivna, poprimiće vatreno svojstvo koje ne poseduje i biće kadra da se, sa svoje strane, prometne u rastvarač. Kraljica, na prestolu, udarcem noge obara slugu kojoj joj je, u ruci, doneo pehar (sl. 21). U ovoj tehnici, uz pretpostavku da bi se s njom moglo doći do očekivanog rastvarača, moramo da vidimo jedino modifikaciju starinskog načina, a ne neku specijalnu praksu, pošto agens ostaje uvek isti. No, ne vidimo koja bi se prednost mogla izvući iz rastvora žive dobijenog pomoću filosofskog rastvarača, budući da je ovaj – glavni i tajni agens. Međutim, baš to pretenduje Sabina Stjuart de Ševalije.[1] „Da biste imali *filosofsku živu*", piše ova autorka, „potrebno je rastvoriti običnu živu, ne umanjujući nimalo njen teret, jer čitava njena supstanca mora da bude preobraćena u filosofsku vodu. Filosofi poznaju prirodnu vatru koja prodire do srca žive i koja je iznutra uništava; oni poznaju i rastvarač koje je preobraća u čistu i prirodnu srebrnu vodu; ona ne sadrži niti mora da sadrži bilo kakvu rđu. Čim je živa oslobođena svojih spona i pobeđena toplotom, ona poprima oblik vode, a ta ista voda je najdragocenija stvar koja postoji na svetu. Veoma malo vremena je potrebno da obična živa poprimi taj oblik." Neka nam bude oprošteno što ne delimo isto gledište, i to s dobrim razlozima, oslanjajući se na iskustvo, i ne verujemo da bi obična živa, lišena sopstvenog agensa, mogla postati *voda* korisna za Delo. *Servus fugitivus*, koji nam je potreban, jeste metalna i *mineralna voda*, *čvrsta*, lomljiva, sa izgledom *kamena* i veoma lako rastopiva. To je ona *koagulisana voda* u obliku kamene mase koja je *Alkaest* i *Univerzalni rastvarač*. Ako filosofe valja čitati – po Fila-

---

[1] Sabine Stuart de Chevalier, *Discours philosophique sur les Trois Principes*, ili *Clef du Sanctuaire philosophique*, Paris, Quillau, 1781.

letovoj preporuci – s mrvom soli, Stjuart de Ševalijeovu bi valjalo izučavati koristeći čitav slanik.

Starac zgrčen od hladnoće i povijen ispod luka sledećeg medaljona, oslanja se, klonuo i umoran, o kameni blok, dok mu je leva ruka uvučena u neku vrstu mufa (sl. 22).

Lako je ovde prepoznati prvu fazu drugog Dela, dok hermetički *Rebis*, zatvoren u središtu atanora, podnosi dislokaciju svojih delova i teži umrtvljavanju. To je početak, aktivan i blag, *vatre točka*, simbolizovane hladnoćom i zimom, embrionskim periodom kada seme, u okrilju filosofske zemlje, trpi fermentativni uticaj vlažnosti. To je *Saturnovo kraljevstvo* čija pojava predstoji, amblem radikalnog rastvaranja, raspadanja i crne boje. „Star sam, slab i bolestan", govori za njega Bazil Valentin, „i zbog toga zatvoren u jamu... Vatra me uveliko muči, a smrt raščinjava moje meso i kosti." Izvesni Demetrije, putnik koga citira Plutarh (Grci su sve prevazišli, čak i u hvalisanju), ozbiljno pripoveda da je na jednom od ostrva uz englesku obalu, koje je posetio, Saturn zatočen i pao u duboki san. Div Brijarej (Egeon) stražar je njegove tamnice. I eto kako, pomoću hermetičkih mitskih priča, čuveni autori ispisuju Istoriju!

Šesti medaljon je tek fragmentarno ponavljanje drugog. Adept je tu, sklopljenih ruku, u molitvenom stavu, i kao da se milosrdnim molbama obraća Prirodi, oličenoj u crtama ženske biste koju odražava *ogledalo*. Tu

Sl. 26 : Bogorodičina crkva u Parizu – Planetarni metali

prepoznajemo hijeroglif za *temu Mudraca*, ogledalo u kojem se „vidi sva razgolićena priroda" (sl. 23).

Desno od trema, sedmi medaljon nam pokazuje starca koji se sprema da pređe prag *Tajanstvenog dvorca*. Upravo je skinuo ceradu koja je skrivala ulaz od profanih pogleda. Time je u praksi izveden prvi korak, otkriven je agens kadar da redukuje nepomično telo, da ga reinkruduje[1], po prihvaćenom izrazu, u formu analognu s formom njegove prve supstance (sl. 24). Alhemičari aludiraju na ovu operaciju kada govore o *reanimiranju korporifikacija*, to jest o oživljavanju mrtvih metala. To je Filaletov *Ulazak u zatvoreni Kraljev dvorac*, prva vrata Riplija i Bazila Valentina, koja valja umeti otvoriti. Starac nije niko drugi nego naš *Merkur*, tajni agens čiji su nam mnogi bareljefi otkrili prirodu, način delovanja, materije i vreme pripreme. Što se tiče *Dvorca*, on predstavlja živo, ili filosofsko, ili nečisto zlato, prezreno od neznalice, i skriveno ispod dronjaka koji ga prerušavaju u našim očima, mada je ono veoma dragoceno za onoga ko poznaje njegovu vrednost. U tom motivu moramo da vidimo varijantu alegorije o *Lavovima, zelenom i crvenom*, rastvaraču i telu za rastvaranje. U stvari, starac, koga tekstovi poistovećuju sa Saturnom koji je, po priči, *proždarao svoju decu*, nekada je bio obojen u *zeleno*, dok je vidljivi deo unutrašnjosti Dvorca bio *purpuran*. Kasnije ćemo reći kojem se izvo-

---

[1] *Reinkrudovati* – hermetički izraz u alhemijskoj tehnici sa značenjem vraćanja nečeg u prethodno, sirovo stanje, retrogradirati (*prim. prev.*).

Sl. 27 : Bogorodičina crkva u Parizu – Pas i golubice

ru možemo obratiti da bismo ustanovili, zahvaljujući originalnim bojama, smisao svih tih figura. Valja, takođe, primetiti da je hijeroglif Saturna, viđenog kao rastvarač, veoma star. Na jednom sarkofagu u Luvru, u kojem je mumija jednog sveštenika hijerofanta iz Tebe, po imenu Poeris, mogućno je s leve strane opaziti boga Šua koji podupire nebo uz pomoć boga Hnufisa (duša sveta), dok je podno njihovih nogu bog Ser (Saturn), koji leži a koža mu je *zelene boje*.

Sledeći krug nam omogućava da prisustvujemo susretu starca i kralja s krunom, rastvarača i tela, isparljivog načela i nepomične metalne soli, čiste i teško rastvorljive. Alegorija se znatno približava paraboličnom tekstu Bernara Trevizana u kojem se „drevni i ostareli sveštenik" pokazuje kao izuzetno dobro upućen u svojstva okultne fontane, u njeno delovanje na „kralja zemlje" koga ona voli, privlači i guta. Tom metodom je, a počevši od animacije žive, zlato ili kraljevsko telo postupno i bez prisile rastvoreno. Takav slučaj nije s drugom metodom pri kojoj se, nasuprot običnoj amalgamaciji, hermetička živa obrušava na metal s karakterističnom žestinom koja prilično nalikuje na burne hemijske reakcije. Tim povodom su mudraci govorili da se tokom Povezivanja podižu žestoke oluje, i da orkanski valovi mora nude prizor „ogorčene borbe". Neki su tu reakciju predstavljali bitkom do istrebljenja između različitih životinja: *orao i lav* (Nikola Flamel), *petao i lisica* (Bazil Valentin) itd. Ali, po našem mišljenju, najbolji je opis, svakako najvećma inicijacijski, potekao od velikog filosofa, Sirana de Beržeraka, opis strašnog dvoboja koji se odigrao pred njegovim očima između *remore* i *salamandra*. Ostali, pak, najmnogobrojniji, snabdevali su se elementima za njihove figure u iskonskoj i tradicionalnoj genezi Stvaranja; formiranje filosofske smeše opisivali su poređenjem sa zemaljskim haosom proisteklim iz potresa i reakcija vatre i vode, vazduha i zemlje.

Čak i kada izgleda više ljudski i svakodnevniji, stil Bogorodičine crkve nije zbog toga manje plemenit i izražajan. Dve prirode su u njemu oličene u dva deteta, agresivna i ratoborna, koja mašući rukama ne štede jedno drugo od zauški. Štedro se mlateći, jedno je ispustilo krčag, a drugo kamenicu (sl. 25). Nije mogućno s više jasnosti i jednostavnosti opisati delovanje *pontske vode na tešku materiju*, i taj medaljon čini znatnu čast majstoru koji ga je sačinio.

U ovom nizu tema kojim završavamo opis figura u velikom tremu, nedvosmisleno izgleda da je rukovodna ideja imala za cilj grupisanje promenljivih momenata u praksi Rastvaranja. Ona sama je dovoljna, u stvari, za identifikovanje preduzetog puta. Rastvaranje alhemijskog zlata rastvaračem Alkaest karakteriše prvi put. Rastvaranje običnog zlata *našom živom* ukazuje na drugi. Ovim se realizuje *aktivna živa*.

Najzad, drugo rastvaranje – rastvaranje Sumpora, crvenog ili belog, filosofskom vodom – predmet je dvanaestog i poslednjeg bareljefa. Ratnik ispušta svoj mač i zaustavlja se, smeten, pred drvetom podno kojeg se pomalja *ovan*. Na drvetu su tri ogromna loptasta ploda, a iz njegove krošnje nazire se obris neke ptice. Ovde otkrivamo *solarno drvo* koje opisuje Kosmopolita u paraboli iz *Rasprave o Prirodi*, drvo iz kojeg treba izlučiti vodu. Što se tiče ratnika, on predstavlja umetnika koji je upravo izvršio *Herkulov podvig*, naime našu pripremu. *Ovan* svedoči da je on umeo da izabere odgovarajuće godišnje doba i pravu supstancu; ptica precizira isparljivu prirodu smeše, „više nebeske nego zemaljske". Nadalje, ostaje mu samo još da oponaša Saturna koji, kaže Kosmopolita, „zahvata deset delova te vode, i brzo uzbravši plod sa sunčevog drveta – potapa ga u tu vodu... Jer, ta voda je *Voda života* s moći da poboljšava plodove s drveta, tako da on ubuduće neće morati da ih sadi i neguje: ona će već samim svojim mirisom ostalih šest drveta prometnuti u istu prirodu kakva je i njena". Štaviše, ta slika je replika glasovite ekspedicije Argonauta; na njoj vidimo Jasona pored ovna sa zlatnim runom i drvo s dragocenim plodovima iz Hesperidskog vrta.

Tokom ovog istraživanja bili smo u prilici da zažalimo zbog satiranja koje dugujemo glupim ikonoklastima i zbog potpunog iščeznuća višebojnog plašta kojim je nekada bila ogrnuta naša veličanstvena katedrala. Nije nam ostao nikakav bibliografski dokument koji bi bio od pomoći istraživaču i zalečio, makar delimično, stoletno oštećivanje. Ipak, nije nužno prelistavati stare pergamente, niti zalud prevrtati stare grafičke listove: sama Bogorodičina crkva čuva izvorni kolorit figura u svom velikom tremu.

Neimar Gijom od Pariza, čiju bismo pronicljivost trebalo da blagosiljamo, umeo je da predvidi znatnu štetu koju će vreme naneti njegovom delu. Kao oprezni majstor, dao je da se minuciozno reprodukuju motivi s medaljona na okna središnje rozete. Staklo tako upotpunjava kamen i, zahvaljujući pomoći krhke materije, ezoterizam zadobija svoju iskonsku čistotu.

Tu ćemo otkriti smislenost sumnjivih mesta kada su u pitanju statue. Tako nam vitraž, na primer, u alegoriji o *Kohobaciji* (prvi medaljon), predočava ne nekog običnog jahača nego princa sa zlatnom krunom, u belom ogrtaču i crvenim čarapama. Od dva deteta koja se tuku, jedno je u zelenoj boji, drugo u sivoljubičastoj. Kraljica koja udara Merkura nosi belu krunu, zelenu košulju i purpurni plašt. Čak ćemo biti iznenađeni da nailazimo i na izvesne slike koje su nestale s fasade. Recimo, zanatlija za crvenim stolom dok iz torbe izvlači velike zlatnike, žena u zelenoj suknji i skerletnoj bluzi dok se češlja pred ogledalom, nebeski blizanci (iz donjeg zodijačkog kruga) – od kojih je jedan u boji rubina, a drugi u smaragdnoj, itd.

Svojim skladom, svojim jedinstvom, kakvu nam samo duboku temu za meditiranje pruža predačka hermetička Ideja! Okamenjena na fasadi, ostakljena na ogromnoj površi rozete, ona prelazi iz nemosti u otkrovenje, iz težine u uzlet, iz inertnosti u živi izraz. Neuglađena, materijalna i hladna pod oštrim spoljnim svetlom, iz kristala izbija u obojenim svežnjevima i prodire ispod lađa, treperava, topla, prozračna i čista poput same Istine.

Ni duh nije kadar da se odbrani od izvesnog potresa u prisustvu one druge antiteze, još paradoksnije: luča alhemijske misli obasjava hram hrišćanske misli!

6

Napustimo veliki trem i krenimo do severnog ili Devičinog portala.

U središtu timpanona, na srednjem vencu, osmotrite sarkofag koji je deo jedne od epizoda iz Hristovog života. Videćete sedam krugova: to su simboli sedam planetarnih metala (sl. 26):

> Sunce znači zlato, živo srebro Merkur;
> Saturn je od olova, Venera pak od bakra;
> Mesec od srebra, Jupiter od kalaja,
> A Mars od železa figurira.[1]

Središnji krug je ukrašen na poseban način, dok se šest ostalih ponavljaju dva po dva, i to se nikada nije dogodilo u čisto dekorativnim motivima umetnosti

[1] *La Cabala Intellective*, Mss. de la biblioth. de l'Arsenal, S. et A. 72, str. 15.

Sl. 28 : Bogorodičina crkva u Parizu – *Solve et Coagula*

zašiljenih ili slomljenih lukova. Štaviše, ta simetrija se rasprostire od centra prema krajevima, kako to uči Kosmopolita. „Pogledaj nebo i sfere planeta", kaže taj autor[1], „vidiš da je Saturn viši od svih, za njim sledi Jupiter, a potom Mars, Sunce, Venera, Merkur i, naposletku, Mesec. Zapazi sada da se odlike planeta ne penju, već silaze; isto iskustvo nas uči da se Mars lako preobraća u Veneru, a Venera kao niža sfera ne u Mars. Tako, Jupiter se lako transmutuje u Merkur, jere Jupiter je visočiji od Merkura; onaj je drugi od nebeskog svoda, ovaj je drugi iznad zemlje. A Saturn je najviši, Mesec najniži. Sunce se meša sa svima, ali se nikada ne poboljšava pomoću nižih. No, primetićeš da postoji velika saglasnost između Saturna i Meseca, među kojima je na sredini Sunce, kao i između Merkura i Jupitera, Marsa i Venere, kojima je, svima, na sredini Sunce."

Međusobno mutaciono slaganje metalnih planeta pokazano je, dakle, na tremu Bogorodičine crkve, na najformalniji način. Središnji motiv simbolizuje Sunce; krajnje ruže označavaju Saturn i Mesec; potom respektivno dolaze Jupiter i Merkur; najzad, sa obe strane Sunca, Mars i Venera.

No, postoji tu i nešto više. Ako analiziramo bizarnu liniju koja kao da povezuje kružnice ruža, videćemo da je formirana sukcesijom četiri krsta i tri pastirska štapa, od kojih je jedan s prostom spiralom, a druga

[1] *Nouvelle Lumière chymique. Traité du Mercure*, gl. IX, str. 41, Paris, Jean d'Houry, 1649.

dva s dvostrukim opletajem. Zapazite uzgred da bi ovde, ako bi pitanje bilo o nekoj ornamentalnoj volji, neizbežno trebalo šest ili osam atributa da bi se, tako, očuvala savršena simetrija. Ali, ništa od toga, i dokaz da je postignuti simbolički smisao s predumišljajem ispostavlja se činjenicom da prostor, onaj na levom kraju, ostaje prazan.

Četiri krsta, kao u spagirskoj notaciji, predstavljaju nesavršene metale; pastirski štapovi s dvostrukom spiralom – dva savršena, a samo jednom uvijen štap predstavlja živu [*le mercure*], polumetal ili polusavršeni metal.

Ali ako, napuštajući timpanon, spustimo pogled prema levom delu fasadne osnovice, podeljene na pet niša, opazićemo između spoljnih krivulja svakog luka neke neobične figurice.

Evo, idući od spoljašnje strane nadesno, *pas* i dve *golubice* (sl. 27), koje srećemo opisane u animaciji aktivirane žive. To je *Korasenski pas*, o kojem govore Artefije i Filalet, i kojeg valja umeti izvdojiti iz čorbe u stanju crnog praha. A *Dijanine golubice* druga su, pak, beznadna enigma pod kojom su skrivene spiritualizacija i sublimacija filosofske žive. Tu je i *jagnje*, amblem pročišćenja arsenskog načela Materije. Onda, *uvrnuti čovek* koji ponajbolje prevodi alhemijsku krilaticu *solve et coagula* [rastvori i staloži], koja uči kako se izvodi elementarno preobraćanje isparavanjem čvrstog i očvršćavanjem isparljivog (sl. 28):

Ako znaš kako da rastvoriš čvrsto,
I kako rastvoreno da uzleti,
Zatim ono što leti da očvrsneš u prah,
Imaćeš čime sebe da tešiš.

U ovom delu trema nekada se nalazio izvajan glavni hijeroglif naše prakse: *Gavran*.

Glavna figura s hermetičkog grba, Bogorodičin gavran u svim vremenima je snažno privlačio suflerski šljam. Po jednom starom predanju, on je označen kao jedini putokaz ka sakralnoj riznici. Pripoveda se, naime, da je Gijom od Pariza – „nesumnjivo osuđen", veli Viktor Igo, „da nekako združi taj pakleni frontispis sa svetom pesmom koju večno peva ostatak zdanja" – skrio alhemijski kamen mudrosti u jedan od potpornih stubova ogromne lađe. A tačno mesto tog tajanstvenog gnezda bilo je upravo određeno uglom gavranovog vidokruga...

Tako je, po predanju, simbolička ptica nekada fiksirala, spolja, nepoznato mesto tajnog potpornja u kojem je bilo pohranjeno blago.

Na spoljnjem licu potpornih stubova koji nose nadvratnik, tamo gde počinju lučni kamenovi, predstavljeni su zodijački znaci. Na prvom mestu, odozdo nagore, nailazimo na *Strelca*, zatim *Bika* i, iznad, na *Blizance*. To su glavni meseci koji označavaju početak rada i povoljno vreme za operacije.

Neko će nam nesumnjivo prigovoriti da zodijak nema okultnu prirodu i da naprosto predstavlja jedino

Sl. 29 : Bogorodičina crkva u Parizu – Kupalište za zvezde / Kondenzacija Univerzalnog duha

zonu sazvežđa. Mogućno. Ali, u tom slučaju, trebalo bi iznova pronaći astronomski poredak, kosmički redosled zodijačkih figura koji je našim precima svakako bio poznat. Ali, na *Blizance* se nadovezuje *Lav*, koji zauzima mesto *Raka*, odbačenog na suprotni stub. *Živopisac* je, dakle, hteo da tom spretnom transpozicijom označi povezivanje filosofskog fermenta – ili *Lava* – sa živinom smešom, sjedinjavanje koje se mora izvesti krajem četvrtog meseca prvog Dela.

Pod istim šiljatim lukom zapazićemo i zaista neobičan, mali četvorougaoni bareljef. On sintetizuje i izražava *kondenzaciju Univerzalnog duha*, koji formira, čim je materijalizovan, čuveno *Kupanje zvezda* u kojem hemijsko sunce i hemijski mesec mora da se okupaju, promene prirodu i podmlade se. Na ovome vidimo dete koje pada s topioničkog lonca velikog kao ćup, a taj lonac drži arhanđeo koji stoji, sa oreolom, ispruženim krilom, i koji kao da udara nevinog. Cela osnova kompozicije je pokrivena noćnim, ozvezdanim nebom (sl. 29). U ovoj temi prepoznajemo veoma uprošćenu alegoriju, dragu Nikoli Flamelu, o *Pokolju nevinih*, kojeg ćemo ubrzo videti na jednom vitražu Svete kapele.

Ne ulazeći podrobnije u operativnu tehniku – što se nijedan autor ne usuđuje da učini – ipak ćemo reći da *Univerzalni duh*, utelovljen u mineralima pod alhemijskim imenom *Sumpora*, konstituiše načelo i delotvorni agens svih metalnih tinktura. Ali, taj *Duh*, ta crvena *krv* dece, može se dobiti jedino dekomponujući ono što je priroda najpre sabrala u njima. Nužno je, dakle, da telo nestane, da bude raspeto i premine, ukoliko hoćemo da ekstrahujemo *dušu, metalni život* i *nebesnu rosu* zatočenim u njemu. Ta kvintesencija, pak, transfuzionisana u čisto, nepomično, savršeno svareno telo, izrodiće novo stvorenje, veličanstvenije nego ijedno koje mu je prethodilo. Tela nikada ne deluju jedno na drugo; duh, jedini, aktivan je i delatan.

Zato su mu Mudraci, znajući da je mineralna krv, potrebna im za animiranje nepomičnog i inertnog tela zlata, bila samo kondenzacija Univerzalnog duha, duša svake stvari, znajući da je ta kondenzacija, u svojoj vlažnoj formi, kadra da prodre u sublunarne miksture i oživi ih, bila izvršavana samo noću, pod zaštitom mraka, vedrog neba i vazduha bez vetra, znajući, naposletku, da je godišnje doba tokom kojeg se očitovala s najvećom aktivnošću i obilnošću korespondiralo sa zemaljskim prolećem, iz svih tih kombinovanih razloga nadenuli ime *Majska rosa*. Tako nas Tomas Kornej[1] ne iznenađuje kada tvrdi da su veliki majstori Ružinog Krsta nazivani *Braćom Rose Kuvane*, po značenju koje su oni sami pridavali inicijalima njihovog reda: B. R. K. [fr. F. R. C.]

Voleli bismo da možemo više reći o ovoj temi od izuzetne važnosti i da pokažemo kako se *Majska rosa*

---

[1] *Dictionnaire des Arts et des Sciences*, art. Rose-Croix, Paris, Coignard, 1731.

(Maja je bila Hermesova majka) – životvorna vlaga *Marijinog* meseca, *Device majke* – lako ekstrahuje iz nekog posebnog tela, odbačenog i prezrenog, čije smo karakteristike već opisali. Postoje, međutim, granice koje se ne smeju prekoračiti... Dodirujemo vrhunsku tajnu Dela i želimo da održimo svoju zakletvu. To je *Verbum demissum* Trevizana, *Izgubljena reč* srednjovekovnih framasona, za koju se sva hermetička bratstva nadaju da će je ponovo naći: traganje za njom bilo je cilj njihovih radova i osnovni razlog njihove egzistencije.[1].

Post tenebras lux. Ne zaboravimo to. Svetlost dolazi iz tame; ona je difuzna u mraku, u mrklini, kao što je to dan u noći. Iz tame *Haosa* svetlost je izvučena i njeni zraci sabrani. Ako je, na dan Stvaranja, božanski Duh lebdeo nad vodama Bezdana – *Spiritus Domini ferebatur super aquas* – taj nevidljivi duh nije najpre mogao da bude izdvojen iz tečne mase i bio je pomešan s njom.

Najzad, setite se da je Bog koristio *šest dana* za usavršavanje svog Veledela; da je svetlost bila odvojena prvog dana i da su idući dani, baš kao i naši, bili određeni pravilnom i naizmeničnom smenom tame i svetla:

---

[1] Među takvim najčuvenijim centrima za inicijaciju navodimo redove *Prosvetljenih, Vitezova Crnog orla, Dva Orla, Apokalipse; Bratstvo inicijata iz Azije, Palestine, Zodijaka;* Društva *Crne braće, Izabranih Koena, Mopsova, Sedam mačeva, Nevidljivih, Prinčeva smrti; Vitezovi Labuda (ustanovio ih Elija), Vitezovi Psa i Petla, Vitezovi Okruglog stola, Divlje mačke, Čička, Kupatila, Mrtve zveri, Amarante,* itd.

U *ponoć Devica majka*
Stvori tu *sjajnu zvezdu*;
U tom čudesnom trenu,
Boga nazivamo svojim bratom.

7

Vratimo se tamo gde smo bili i stanimo kod južnog portala, zvanog i Luk svete Ane. On nam nudi samo jedan jedini motiv, ali od izuzetnog značaja, budući da opisuje najkraće praktikovanje naše Nauke i zaslužuje da, u tom pogledu, bude svrstan u prvi red paradigmi isklesanih u kamenu.

„Pogledajte", kaže Grijo de Živri[1], „na desnom portalu Bogorodičine crkve u Parizu izvajanog biskupa nagnutog nad atanor u kojem se, sapeta kao u paklu, sublimiše filosofska živa. To nas uči otkuda potiče sveta vatra. A poglavarstvo katedrale, držeći tu kapiju, po stoletnoj tradiciji, uvek zatvorenu, ukazuje ti da je to *put nenamenjen svetini*, nepoznat gomili, i rezervisan za malobrojne izabranike Mudrosti."[2]

Malo alhemičara je spremno da prihvati mogućnost *dva puta*: jedan kratak i lak, zvani *suvi put*, i drugi – duži

---

[1] Grillot de Givry, *Le Grand Œuvre*, Paris, Chacornac, 1907, p.27.

[2] U Svetom Petru u Rimu, ista kapija, zvana *Sveta kapija* ili *Jubilarna, pozlaćena je* i *zazidana*; papa je otvara udarcima čekića svakih dvadeset i pet godina, ili četiri puta u jednom veku.

i nezahvalniji, zvani *vlažni put*. To možda dugujemo činjenici da mnogi autori raspravljaju isključivo o dužem postupku, bilo zato što ne znaju za drugi ili što su skloniji da ga prećutkuju pre nego da izlažu njegova načela. Perneti odbija da veruje u tu dvojnost tehnike, dok Hugino iz Barme tvrdi, naprotiv, da su stari učitelji, poput Gebera, Lulja, Paracelza, služili svaki sebi svojstvenim postupkom.

Hemijski, ništa se ne suprotstavlja tome da neka metoda, koja upražnjava vlažni put, ne bi mogla biti zamenjena nekom drugom koja koristi suve reakcije da bi postigla isti rezultat. Hermetički, dokaz za to je amblem koji nas ovde zaokuplja. Otkrivamo i drugi u Enciklopediji iz 18. veka, u kojoj se iznosi da je Veledelo mogućno ostvariti na dva načina: prvi, zvani vlažni put, duži ali štovaniji, i drugi, ili suvi put, znatno manje cenjen. U slučaju potonjeg, treba „pržiti *Nebesku so*, koja je živa filosofa, s nekim zemaljskim metalnim telom, u nekom loncu na direktnoj vatri, tokom četiri dana".

U drugom odeljku rada pripisanog Bazilu Valentinu[1], ali koji potiče, verovatnije, od Zadita Starijeg, autor kao da nazire suvi put kada piše da, „da bi se uspelo u ovoj Umetnosti, nije nužan neki veliki rad niti napor, a troškovi su mali, instrumenti jeftini. Jer, ova

---

1 *Azoth*, ili *Moyen de faire l'Or caché des Philosophos*, Paris, Pierre Moët, 1659, str. 140.

umetnost može biti izučena za manje od dvanaest sati, i u periodu od *osam dana* dovedena do savršenstva, ukoliko se u sebi vlada sopstvenim načelom".

U 19. glavi *Introitusa*, Filalet veli, pošto je govorio o dugom putu, opisujući ga kao zamoran i dobar samo za bogate osobe: „Ali, *našim putem*, nije potrebno više od *jedne sedmice*; Bog je čuvao taj retki i laki put za prezrene siromahe i svoje odbacivane svece." Štaviše, u svojim *Napomenama* o toj glavi, Lengle-Difrenoa misli da se „taj put vrši pomoću filosofske *dvostruke žive*. Njime se", dodaje, „Delo ostvaruje za *osam dana* umesto za skoro osamnaest meseci koliko iziskuje prvi put".

Mudraci su ovaj skraćeni put, pokriven neprozirnim velom, nazivali *Saturnov režim*. Za varenje Dela, umesto neophodnog korišćenja nekog staklenog pehara, dovoljno je imati samo neki prosti lonac. „Skuvaću tvoje telo u *zemljanom loncu* u kojem ću ga pokriti", piše jedan čuveni autor[1], koji nadalje kaže: „Potpali vatru u tvojoj čaši, to jest u zemlji u kojoj je ona zatrpana. Ova kratka metoda, u koju te slobodno poučavamo, izgleda mi *najkraći put* i istinska filosofska sublimacija za postizanje savršenstva u ovom teškom poslu."
I tako bi se mogla objasniti ova osnovna izreka Nauke: *samo jedan lonac, samo jedna materija, samo jedna peć*.

U Predgovoru svoje knjige, Silijani[2] izveštava o dva postupka sledećim rečima:

[1] Salomon Trismosin, *La Toyson d'Or*, Ch. Sevestre, 1612, str. 72 & 110.
[2] Cyliani, *Hermès dévoilé*, Paris, F. Locquin, 1832.

„Hteo bih da vas ovde upozorim da nikada ne zaboravite da su potrebne samo dve materije istog porekla, jedna isparljiva, druga nepokretna; da postoje *dva puta*, suvi put i vlažni put. Ja radije sledim drugi, *iz dužnosti*, mada mi je prvi znatno bliskiji: on se izvodi samo s jednom materijom."

Anri de Linto takođe iznosi svedočanstvo u korist suvog puta kada piše[1]: „Ova tajna nadmašuje sve tajne na svetu, jer vam omogućava da za *kratko vreme*, bez velike brige i muke, dospete do velike transmutacije. O tome Isak Holanđanin govori opširnije." Naš autor, nažalost, nije rečitiji od svoje sabraće. „Kada mislim", piše Henkel[2], „da umetnik Elija, koga citira Helvecije, smatra da priprema kamena mudrosti počinje i okončava za *četiri dana* vremena, i da se taj kamen stvarno pokazao još prilepljen za komadiće *lonca*, izgleda mi da ne bi bilo tako apsurdno pitati nisu li oni dugi meseci o kojima govore alhemičari zapravo dani, i da se sve odvija u veoma kratkom vremenu, te zapitati se ne postoji li i metoda putem koje bi se cela operacija dugog držanja materije na najvišem stepenu fluidnosti, što se postiže žestokim ognjem, mogla svesti na ciglo nekoliko trenutaka. Ali, takva se metoda ne može upražnjava-

---

[1] Henri de Lintaut, *L'Aurore*, Mss. bibl. de l'Arsenal, S.A.F. 169, n° 3020.

[2] J.-F. Henckel, *Traité de l'Appropriation*, Paris, Thomas Hérissant, 1760, str. 375, § 416.

147

Sl. 30 : Bogorodičina crkva u Parizu (Portal Sveta-Ana, stub Sveti-Mihajlo) – Filosofska živa i Veledelo

ti u svim laboratorijama, i možda se čak nigde na svetu ne bi dala primeniti."

Hermetički amblem u Bogorodičinoj crkvi, koji je već u 17. veku privukao pažnju učenog Laborda[1], zauzima unutrašnje polje gotskog luka, od osnovice do arhitrava, i tu je izvajan podrobno na tri strane izabranog potpornog stuba. To je visoka i otmena statua svetog Marsela, s mitrom na glavi, nadsvođena baldahinom s kupolicama i, po nama, lišena svakog tajnog značenja. Biskup stoji uspravno na duguljastoj ploči, neznatno iskrenutoj, ukrašenoj sa četiri stubića i divnim vizantijskim zmajem, a sve je to na postolju oivičenom frizom i povezanom, u podnožju, pervazom čiji je talon obrnut. Jedino ploča i postolje imaju stvarnu hermetičku vrednost (sl. 30).

Nažalost, ovaj tako veličanstveno ukrašeni stub je bezmalo nov: jedva nas šezdesetak godina odvajaju od njegove popravke, kada je bio restaurisan i... modifikovan.

Nećemo ovde da raspravljamo o umesnosti tih popravki, niti nameravamo da se udubljujemo da li je trebalo, ne vodeći brigu, dozvoliti da se guba vremena širi po divnom telu. Međutim, kao filosof, možemo jedino da žalimo zbog nemarnosti restauratora prema gotskim tvorevinama. Ako je trebalo zameniti potavne-

---

[1] De Laborde, *Explications de l'Enigme trouvée à un pilier de l'Eglise Notre-Dame de Paris*, Paris, 1636.

log biskupa i popraviti njegovu ruiniranu osnovu, stvar je bila laka; dovoljno je bilo kopirati model, verno ga transkribovati. Ne mari ako je on sadržavao neki skroviti smisao: verna imitacija bi ga sačuvala. No, oni su hteli da urade još bolje. S jedne strane, pazili su na originalne linije svetog biskupa i divnog zmaja, ali su, naprotiv, s druge, ukrasili postolje romanskim prepletima umesto cvetova i arhivolta koji su tu bili ranije.

Ovo drugo, pregledano, ispravljeno i dopunjeno izdanje svakako je bogatije nego prvo, ali je simbol okrnjen, nauka osakaćena, ključ izgubljen, ezoterizam utrnut. Vreme truni, troši, struže krečnjak, i jasnost zbog toga boluje, ali smisao ostaje. Onda dolazi restaurator, iscelitelj kamenja; s nekoliko udaraca dletom, on amputira, odseca, izobličava, preobličava, autentičnu ruinu pretvara u veštačku tvorevinu i blistavi arhaizam, ranjava i krpi, odvaja i dopunjava, kreše i krivotvori u ime Umetnosti, Forme ili Simetrije, ne vodeći ni najmanju brigu o stvaralačkoj misli. Zahvaljujući toj savremenoj kozmetici, naše štovane gospe biće večno mlade!

Eto, vršljajući po površini, pustili su dušu da izmakne.

Učenici Hermesovi, upoznajte u katedrali mesto i poredak novog stuba, a zatim krenite putem koji sledi original. Pređite Senu, uđite u muzej Klini, i imaćete zadovoljstvo da ga tamo nađete, kod prilaznog stepeništa u frigidarijum Julijanovih termi. Tamo je našao pribežište lepi fragment.[1]

Ovu je enigmu o alhemijskom radu na strogi način, barem delimično, rešio Fransoa Kambrijel, zbog čega je zaslužio da ga citira Šanfleri u svojim *Ekscentricima*, kao i Čerpakov u svojim *Književnim ludacima*. Hoće li i nama biti učinjena ista čast?

Na desnoj strani kockastog postolja zapazićete dva reljefna bizanta, masivna i kružna. To su metalne mate-

[1] Ovo uputstvo više ne važi, pošto je, pre nekih šest godina, simbolički stub, kao predmet opravdanog divljenja, vraćen u Bogorodičinu crkvu, nedaleko od mesta koje je zauzimao tokom više od pet stotina godina. U stvari, nalazi se u odaji s visokom tavanicom i ukrštenim gotskim lukovima, u severnom tornju, i koja će pre ili kasnije biti aranžirana kao muzej. Istovetna odaja nalazi se, južno, na istoj ravni i s druge strane platforme velikih orgulja.

U međuvremenu, radoznalost, kakva joj god bila priroda, nije više lako zadovoljiva, premda može povesti posetioca do novog pribežišta inicijatičke skulpture. Naime, tamo ga, eto, čeka iznenađenje koje će ga smesta rastužiti. Ono se sastoji u žalosnoj amputaciji gotovo čitavog tela zmaja, sada svedenog na svoj prednji deo, i to bez dve šape.

Čudovišna zver, s gracioznošću velikog guštera, obgrljivala je atanor, prepuštajući njegovom plamenu malog kralja s tri krune, sina njenih silovitih činova nad mrtvom preljubnicom. Jedino lice mineralnog deteta izgleda kao da je uronjeno u „ognjeno kupatilo" o kome govori Nikola Flamel. Ono je ovde emajlirano i odeveno po srednjovekovnoj modi, onako kako još nalazimo u vidu porcelanske figure malog „kupača" koji se stavlja na kolač za praznovanje Tri kralja. (Up. *Alchimie, op. cit.*, str. 89)

rije ili *prirode* – sadržina i rastvarač, s kojima se započinje Delo. Na čelnoj strani, modifikovane preliminarnim operacijama, ove supstance nisu više predstavljene u vidu diskova, nego kao ruže sa spojenim laticama. Uzgred, za bezrezervno divljenje je veština s kojom je umetnik umeo da prenese preobražaj okultnih produkata, oslobođenih spoljašnjih slučajnosti i heterogenih materijala koji su ih skrivali pre nego što su iskopani u rudniku. S leve strane, bizanti, pretvoreni u ruže, poprimaju ovog puta oblik ukrasnih cvetova sa spojenim laticama, ali s vidljivom čašicom. Koliko god da su istrveni i gotovo izbrisani, lako je, ipak, na njima otkriti trag središnjeg diska. Oni predstavljaju uvek iste sadržine koje su dobile druga svojstva; ocrt čašice ukazuje da su metalni koreni bili otvoreni i raspoređeni tako da prikazuju svoje semeno načelo. Takav je ezoterički prevod malih motiva s postolja. Ploča će nas snabdeti dopunskim objašnjenjem.

Materije pripremljene i sjedinjene u jednu jedinu smešu moraju biti podvrgnute sublimaciji ili završnom vatrenom pročišćenju. Tokom te operacije, gorivi delovi bivaju uništeni, zemne materije gube svoju koheziju i rasipaju se, dok se čista načela, nestopiva, uzdižu u višu formu različitu od forme smeše. To je *So filosofa*, Kralj okrunjen slavom koji se rađa u vatri i sme da uživa u predstojećem braku, te tako, veli Hermes, okultne stvari bivaju vidljive. *Rex ab igne veniet, ac conjugio gaudebit et occulta patebunt*. Od tog kralja ploča pokazuje samo glavu koja se pomalja iz pročišćavajućeg plamena. U ovome času ne možemo biti sugurni da frontalna traka gravirana na ljudskoj glavi pripada nekoj kruni; to bi moglo biti, po obimu i izgledu lobanje, neka vrsta čelenke ili šlema. Ali, srećom, raspolažemo tekstom čiji je autor Espri Gobino od Monluizana, a čija je knjiga bila napisana „u sredu, 20. maja 1640. godine, uoči slavnog Uspenja našeg Spasitelja Isusa Hrista".[1] U njemu se nedvosmisleno kaže da kralj nosi *trostruku krunu*.

Posle uzdizanja čistih i bojenih načela iz filozofske smeše, ostatak je tada spreman da izruči *živinu so*, isparljivu i topivu, kojoj su stari autori često davali epitet *Vavilonski zmaj*.

Umetnik kome dugujemo amblemsko čudovište stvorio je pravo remek-delo, i koliko god ono bili osakaćeno (levo krilo je slomljeno) – od njega je barem ostao znatan komad. Mitska životinja pomalja se iz plamena, a njen rep kao da izlazi iz ljudskog bića oko čije se glave ona takoreći omotala. Potom, pokretom uvrtanja koji je pribija uz luk svoda, ona obgrljuje atanor svojim moćnim kandžama.

Ispitamo li ornamentaciju ploče, opazićemo na njoj grupisane žlebove, tek ovlaš prošupljene, sa zakrivlje-

---

[1] *Explication très curieuse des Enigmes et Figures hiéroglyphiques, Physiques, qui sont au grand portail de l'Eglise Cathédrale et Métropolitaine de Notre-Dame de Paris.*

nim vrškom i ravnom osnovom. Oni s leve pregrade popraćeni su cvetom sa četiri latična listića, izrazom univerzalne materije, četvorolisnikom *prvobitnih elemenata*, po Aristotelovom učenju raširenom u Srednjem veku. Neposredno ispod je par *priroda* na kojim alhemičar radi i čije sjedinjavanje daje *Saturn* [fr. *Saturne*] Mudraca, anagramski imenitelj dveju *priroda* [fr. *natures*]. U međuprostoru frontalnih stubića, četiri žleba, čija veličina opada, po kosini plamene rampe, simbolizuju četvorolisnik *drugostepenih elemenata*. Naposletku, sa svake strane atanora, a ispod samih kandži zmaja, pet jedinstava *kvintesencije*, koja obuhvata tri načela i dve prirode, te njihov ukupan zbir pod brojem deset „s kojim sve završava i okončava".

L.-P. Fransoa Kambrijel[1] smatra da multiplikacija Sumpora, belog ili crvenog, nije označena u istraživanom hijeroglifu; mi se ne bismo usudili da tako nešto tvrdimo kategorički. Multiplikacija se, u stvari, može jedino realizovati pomoću žive, koja igra ulogu pacijenta u Delu, i putem postupnih kuvanja ili fiksacija. Na zmaju, slici žive, morali bismo, dakle, da tražimo predstavni simbol ishrane i razrastanja Sumpora ili Eliksira. No, da je autor posvetio više brige ispitivanju dekorativnih osobenosti, svakako bi zapazio:

1. Longitudinalnu traku koja polazi od glave i sledi liniju kičme do kraja repa;

---

[1] L.-P. François Cambriel, *Cours de Philosophie hermétique ou d'Alchimie en dix-neuf leçons*, Paris, Lacour et Maistrasse, 1843.

2. Dve analogne trake, pružene koso, po jedna na svakom krilu;

3. Dve šire trake, transverzalne, koje obmotavaju rep zmaja, prva u visini perjanog dela krila, druga iznad kraljeve glave. Obe te trake su ukrašene punim krugovima koji se dodiruju u jednoj tački njihove kružnice.

Što se tiče njihovog značenja, ono se iskazuje krugovima repnih traka: njihovo središte je veoma jasno naznačeno na svakoj od njih. Hermetičari, pak, znaju da je kralj metala oličen solarnim znakom, to jest kružnicom sa ili bez središnje tačke. Otuda, ako je zmaj već pokriven obiljem zlatnih simbola, sve do kandži na desnoj šapi, izgleda nam verodostojno da mislimo da je to zato što je kadar da se transmutuje u kvantitet. Ali, ta se moć može jedino steći nizom naknadnih kuvanja sa *Sumporom* ili *Filosofskim zlatom*, što konstituiše *multiplikacije*.

Takav je, najjasnije izložen, ezoterički smisao koji verujemo da prepoznajemo na lepom stubu kod kapije Svete Ane. Drugi, veće erudite ili učeniji, možda će bolje protumačiti, jer nama nije do toga da ikome nametnemo ovde razvijenu tezu. Dovoljno nam je da kažemo da je ona u glavnim crtama saglasna s Kambrijelovom tezom. Međutim, mi ne delimo mišljenje tog autora koji je hteo da, bez dokaza, simbolizam s ploče proširi i na samu statuu.

Uvek je, svakako, mučno nekome prebacivati očiglednu grešku, i još bolnije izdvajati izvesna tvrđenja da biste ih pobili u celini. Ipak, zbog toga žalimo. Nauka kojom se bavimo podjednako je pozitivna, realna, egzaktna, koliko je to optika, geometrija ili mehanika. Njeni rezultati su opipljivi kao i rezultati hemije. Ako su zanos, intimno verovanje, ono što nas podstiče u njoj, dragoceni pomoćnici, ako oni donekle ulaze u vođenje i orijentisanje naših istraživanja, moramo ipak da izbegnemo njihova odstupanja, da ih podredimo logici, umovanju, da ih podvrgnemo kriterijumu iskustva. Setimo se da su prevare pohlepnih suflera, nesuvisle prakse šarlatana, gluposti beskrupoloznih i neznaličkih pisaca, izazvale nepoverenje u hermetičku istinu. Moramo tačno da gledamo i pravo da govorimo. Svaka reč mora biti izmerena, nijedna misao ne sme da prođe a da nije strogo suđena i promišljena. Alhemija iziskuje da bude pročišćena. Izbacimo iz nje brljotine za koje su pokatkad krivi i sami njeni zatočnici: iz toga će ona izići čvršća i zdravija, ne gubeći ništa od svoje čari niti od svoje tajanstvene privlačnosti.

Na trideset i trećoj strani svoje knjige, Fransoa Kambrijel se ovako izražava: „Iz ove žive proizilazi Život predstavljen biskupom koji je iznad rečenog zmaja... Taj biskup *drži prst na ustima*, da bi onima koji ga gledaju i koji bi da spoznaju ono šta on predstavlja rekao... ćutite, ne recite o tome ni reč!..."

Tekst je popraćen graviranom ilustracijom, u slabom crtežu, i ne da to tek malo, nego potpuno falsifikuje stvar, što je znatno teže. Sveti Marsel tu drži biskupski štap, kratak poput barjačića; na glavi mu je mitra s krstolikim ukrasom i, kao vrhunac anahronizma, taj učenik Smotrenosti je bradat! Pikantni detalj: crtež je s lica, a zmaj ima čeljust iz profila i grize stopalo jadnog biskupa koji se, uostalom, zbog toga mnogo ne brine. Spokojan i osmehnut, on kažiprstom pokriva usne u gestu preporučenog ćutanja.

Provera je laka, budući da raspolažemo originalnim delom, a podvala bode oči. Naš svetac je, po srednjovekovnom običaju, apsolutno golobrad. Njegova je mitra jednostavna i bez ikakvog ukrasa. Biskupski štap koji drži levom rukom, svojim donjim krajem upire na zmajevu čeljust. Što se tiče glasovitog gesta likova iz *Mutus Liber* i Harpokrata, on u potpunosti potiče iz Kambrijelove preterane mašte. Sveti Marsel je predstavljen u stavu blagosiljanja, punom skrušenosti, nagnutog čela, s rukom u visini ramena i podignutim kažiprstom i srednjakom.

Teško je poverovati da su dva posmatrača mogla biti žrtva iste iluzije. Da li ova fantazija potiče od umetnika ili ju je tekst nametnuo? Opis u tekstu i grafička ilustracija međusobno su toliko saglasni da nam ne ostaje mnogo poverenja u posmatračke odlike manifestovane u sledećem odlomku od istog autora:

„Prolazeći jednog dana pored Bogorodičine crkve u Parizu, sa *znatnom pažnjom* ispitivao sam divne skulpture kojima su ukrašene tri kapije, i na jednoj od te tri kapije videh jedan od najlepših hijeroglifa kojeg nikada ranije nisam primetio. I *tokom nekoliko dana zatim dolazio sam da ga razgledam* da bih podrobno mogao da dočaram sve što on predstavlja i što sam iznašao. Onim što sledi, čitalac će se u to uveriti ili, još bolje, biti sam *prenesen na lice mesta.*"

U rečenom, doista, ne nedostaje ni drskosti ni bestidnosti. Ako se Kambrijelov čitalac odazove njegovom pozivu, na kapiji Svete Ane naći će samo legendarni egzoterizam svetog Marsela. Tu će videti biskupa koji ućutkuje zmaja, dodirujući ga svojim štapom, kako već o tome govori tradicija. Da on simbolizuje, uz to, život materije, tek je lično mišljenje koje je autor slobodan da iznese; ali, da on predočava, u stvari, Zoroastrovo *tacere* – to nije i nikada nije bio slučaj.

Takve budalaštine su za žaljenje i nedostojne iskrenog, čestitog i ispravnog duha.

8

Naše velike katedrale podizali su srednjovekovni *frimasoni* da bi osigurali prenos simbola i hermetičkog učenja. One su, pak, od svoje pojave, vršile znatan uticaj na izvestan broj skromnijih podviga građanske i religijske arhitekture.

Flamel je sa zadovoljstvom uključivao ambleme i hijeroglife u zdanja koja je gradio na sve strane. Opat Vilen nas obaveštava da je mali portal Svetog Jakova Klaničkog, kojeg je naš Adept sagradio 1389. godine, bio pokriven figurama. „Na zapadnom dovratku portala", kaže on, „vidimo izvajanog malog anđela u čijim rukama je kameni krug; Flamel je u njega ubacio kolut od crnog mermera s tankom zlatnom žicom u obliku krsta..."[1] Siromasi duguju takođe njegovoj velikodušnosti dve kuće koje je sazidao po njihovom naumu u Ulici Grobljanskoj Svetog Nikole s Polja, prvu 1407, drugu 1410. Te građevine predočavaju nam, tvrdi Salmon, „veliki broj figura uklesanih u kamenju, s jednim N i jednim F, u gotskom pismu, sa obeju strana svake figure". Kapela bolnice Svetog Žervea, rekonstruisana o njegovom trošku, u tom pogledu nije ni najmanje ustupala ostalim zadužbinama. „Fasada i portal nove kapele", piše Alber Poason[2], „bili su pokriveni figurama i legendama na Flamelov uobičajeni način." Portal Svete Ženevjeve Revnosnika, u Ulici Tizeranderi, čuvao je njegov interesantni simbolizam sve do sredine 18. veka; u to vreme, crkva je pretvorena u običnu kuću, a fasadni ukrasi su uništeni. Flamel je podigao još i dve ukrasne arkade za kosturnicu Nevinih, prvu 1389, drugu 1407. godine. Poason nas obaveštava da je na prvoj, između ostalih hijeroglifskih ploča, video grb prilikom čije izrade je Adept „izgleda oponašao drugi, pripisan svetom Tomi Akvinskom". Čuveni okultista

---

[1] Abbé Villain, *Histoire critique de Nicolas Flamel*, Paris, Desprez, 1761.
[2] Albert Poisson, *Histoire de l'Alchimie. Nicolas Flamel*, Paris, Chapornac, 1893.

Sl. 33 : Katedrala u Amijenu (Portal Spasitelja) – Vatra točka

dodaje da taj grb figurira na kraju Lanjoove *Hemijske harmonije*. Evo, uostalom, kako ga on opisuje:

„Grb je krstom podeljen na četiri polja; u njegovom središtu je trnovi venac u čijem centru je srce iz kojeg lipti krv i iz kojeg izbija trska. U jednoj od četvrtina hebrejskim pismenima stoji IEVE usred snopa svetlosnih zrakova, ispod crnog oblaka; u drugoj četvrtini, kruna; u trećoj, zemlja sa izniklim žitnim klasjem; a četvrta je zaposednuta vatrenim kuglama."

Ovaj izveštaj, saglasan s Lanjoovom gravirom, dozvoljava nam da zaključimo da je ovaj svoju sliku prekopirao sa arkade u kosturnici. U tome ništa nije nemoguće, budući da su od četiri ploče tri ostale u Gohorijevo vreme, dakle oko 1572. godine, a da se *Hemijska harmonija* pojavila kod Kloda Morela 1601. Ipak, bolje bi bilo da se obratimo grbu-uzoru, prilično različitom od Flamelovog i znatno manje tamnom. U doba Revolucije, on je još postojao na jednom obasjanom prozoru kapele Svetog Tome Akvinskog u samostanu jakovljevaca. Ta crkva dominikanaca – koji su tamo živeli i sami se osnovali oko 1217. godine – svoje utemeljenje duguje Luju IX. Nalazila se u Ulici Svetog Jakova i bila pod zaštitom Svetog Jakova Velikog. *Znamenitosti Pariza*, objavljene 1716. godine kod Sogrena Starijeg, dodaju da su se pored crkve nalazile škole *Anđeoskog doktora*.

Godine 1787, taj je grb, rečen da je od svetog Tome Akvinskog, veoma tačno nacrtao i oslikao, a prema istom vitražu, izvesni hermetičar po imenu Šode. Dostupan, taj crtež možemo da opišemo (sl. 31, na naslovnici ove knjige).

Francuski štit, raščetvoren, predominiran je odozgo kružnim režnjem. U tom dopunskom pojasu je u zlatnoj boji obrnuti destilacioni stakleni sud, okružen trnovim vencem na peščanom polju. Zlatni krst nosi na donjem, desnom i levom kraku tri plavetne kugle, a u njegovom središtu je jezikoliko srce sa zelenom granom. Na to srce kaplju srebrne suze iz destilacionog suda, sabiraju se i smiruju. Gornja leva četvrt izdeljena je na zlatni deo s tri purpurne zvezde i azurni sa sedam zlatnih zrakova. Dijagonalno nasuprot nje, desno, oslikano je peščano tlo sa zlatnim klasjem na rujnom polju. U gornjoj desnoj četvrti je ljubičasti oblak na srebrnom polju, a tri strele iz istog, sa zlatnim perima, ciljaju u bezdan. Dijagonalno nasuprot njoj, levo, tri srebrne zmije na zelenom polju.

Taj lepi amblem utoliko je važniji za nas što otkriva tajne koje se tiču ekstrakcije žive i njenog povezivanja sa sumporom, dakle tamnih mesta u praksi o kojima su svi autori skloniji da religiozno ćute.

Sveta kapela, remek-delo Pjera od Montroa, čudesni kameni ćivot podignut, od 1245. do 1248. godine, da bi primio relikvije Pasije, predstavljala je takođe značajnu alhemijsku celinu. I danas još, iako živo žalimo zbog prepravki prvobitnog portala, gde su Parižani 1830. godine mogli da se s Viktorom Igoom dive

„dvama anđelima, od kojih je jedan s rukom u staklenom peharu, a drugom u oblaku", uprkos svemu dato nam je da se radujemo što netaknuta imamo južna okna veličanstvenog zdanja. Teško da se drugde može sresti značajnija zbirka formula alhemijskog ezoterizma od one koju nudi Sveta kapela. Poduhvatiti se, list po list, opisa takve staklene prašume bio bi ogroman posao koji bi ispunio mnoge debele tomove. Ograničićemo se, dakle, da iz nje predočimo jedan uzorak izvučen iz prvog okvira petog otvora, koji je posvećen Pokolju nevinih o čijem smo značenju govorili ranije (sl. 32, na poleđini ove knjige). Svesrdno preporučujemo ljubiteljima naše stare nauke, kao i znatiželjnicima u okultnom, studiranje simboličkih vitraža spomenute kapele. Tamo će oni imati priliku za štedro pabirčenje, kao u velikoj ruži, po neuporedivoj kreaciji boje i harmonije.

AMIJEN

Kao i Pariz, Amijen nam pruža značajan skup hermetičkih bareljefa. Kao na poseban podatak valja upozoriti da je centralni trem Bogorodičine crkve u Amijenu, trem Spasitelja, bezmalo verna reprodukcija ne samo motiva koji ukrašavaju pariski portal nego i njihovog redosleda. Razlike su tek ovlašne, samo u potankostima. U Parizu, likovi drže diskove, ovde su u pitanju grbovi. U Amijenu je amblem žive predstavljen ženom, dok je on u liku muškarca u Parizu. Na oba zdanja, isti simboli, isti atributi, slične kretnje i odore. Nema nikakve sumnje da je hermetičko delo Gijoma Parižanina izvršilo realan uticaj na dekoraciju velikog trema u Amijenu.

U svakom slučaju, veličanstvena katedrala, remek--delo Pikardije, ostaje jedan od najčistijih dokumenata koje nam je zaveštao Srednji vek. Njena očuvanost omogućila je restauratorima, uostalom, da poštuju veći deo njenih sadržaja; i divni hram, koji dugujemo geniju Robera od Luzarša, Tomasa i Renoa od Kormona, opstao je do danas u svojoj izvornoj raskoši.

Među alegorijama svojstvenim amijenskom stilu navešćemo na prvom mestu ingeniozni prevod *vatre točka*. Filosof sedi, oslonjen o desno koleno, kao da meditira ili bdi (sl. 33).

Taj četvorolisnik, veoma karakterističan s našeg gledišta, ipak su neki autori drukčije tumačili. Žurden i Dival, Raskin (*The Bible of Amiens*), opat Roze i, posle svih, Žorž Diran[1] otkrivali su mu smisao u proročanstvu Jezekilja koji, kaže Ž. Diran, „vide četiri krilate životinje, kao docnije sveti Jovan, zatim točkove jedan u drugome. Ta vizija o točkovima je ovde prikazana. Uzimajući, naivno, tekst doslovno, umetnik je sveo viziju na njen najprostiji izraz. Prorok sedi na steni i izgleda kao da je zaspao, klonuvši na desno koleno. Pred njime se pojavljuju dva kolska točka, i to je sve".

U ovoj verziji su se potkrale dve greške. Prva svedoči o nepotpunom istraživanju tradicionalne tehnike, obrazaca koje su poštovali *latomi* u izvedbi svojih simbola. Druga, teža, otkriva defektnu opservaciju.

U stvari, naši živopisci su uobičavali da izdvoje ili barem istaknu natprirodne atribute pomoću oblakolike vrpce. Očigledan dokaz za to je na licu tri potporna stuba trema; ovde ni traga od toga. S druge strane, naš lik ima otvorene oči; nije, dakle, zaspao, već izgleda da bdi, dok mu se nadomak izvršava lagano delovanje *vatre točka*. Nadalje, neosporno je da u svim gotskim prizorima u kojima su otelovljene pojave, prosvetljeni

---

[1] G. Durand, *Monographie de l'Eglise cathédrale d'Amiens*, Paris, A. Picard, 1901.

Sl. 34 : Katedrala u Amijenu – Filosofsko kuvanje

je uvek licem okrenut prema fenomenu. Njegov stav i njegov izraz postojano svedoče o iznenađenosti ili ekstazi, zebnji ili blaženstvu. To nije slučaj u četvorolisniku koji nas zanima. Dva točka jesu, dakle, i mogu biti samo jedna slika, čije je značenje neprozirno za profanog, i koja je žurno smeštena u likovni sklop da bi pokrila neku veoma poznatu stvar kako inicijatu tako i našem liku. Ipak, ne vidimo da je on ičim takvim ponesen. On bdi i nadzire, strpljiv ali i donekle umoran. Naporni *Herkulovi podvizi* su okončani, njegov posao spao je na *ludus puerorum* tekstova, naime na održavanje vatre, što žena koja radi s preslicom lako naslućuje i dokučuje.

Što se tiče podvostručene slike hijeroglifa, moramo da ga tumačimo kao znak dve revolucije koje deluju uzastopno na smešu radi obezbeđivanja prvog stepena njene ujednačenosti. Ukoliko nismo skloni da u njemu vidimo ukazivanje na dve prirode u *konverziji* koja se, opet, izvršava blagim i pravilnim ukuvavanjem. Ovu potonju tezu prihvata Perneti.

Zapravo, *linearno i kontinuirano* kuvanje iziskuje *dvostruku rotaciju* jednog i istog točka, čije je kretanje nemogućno prevesti u kamenu, i to je opravdalo neophodnost dva točka upletena jedan u drugi tako da obrazuju samo jedan. Prvi točak odgovara *vlažnoj fazi* operacije, zvanoj *eliksacija*, kada smeša ostaje združena do formiranja lake opne koja, postupno debljajući, prodire u dubinu. Drugi period, ili *asacija*, karakterisan suvoćom, počinje tada, s drugim okretom točka, da se ispunjava i okončava kada je sadržaj *jajeta*, kalcifikovanog, izgleda granuliran ili sprašen, u vidu kristala, peska ili pepela.

Povodom te operacije koja je istinski pečat Veledela, anonimni komentar jednog klasičnog rada[1] kaže da „filosof *kuva* na blagoj i solarnoj toplini, i u jednom jedinom loncu, s jednom *jedinom parom* koja postupno biva sve gušća". No, koja bi mogla biti temperatura spoljašnje vatre pogodne za ovo kuvanje? Po skorašnjim autorima, toplota s početka ne bi smela da pređe temperaturu ljudskog tela. Alber Poason daje 50° kao osnovu, s progresivnim rastom do otprilike 300° centigrada. U svojim *Pravilima*[2], Filalet potvrđuje da „stepen toplote na kojem bi trebalo da se drži olovo (327°) ili kalaj tokom fuzije (232°), ili čak još viši, naime sve dokle mogu da izdrže lonci a da ne puknu, mora biti smatran za *temperiranu toplotu*". Otuda, kaže on, „počećete sa stepenom toplote koji vlada u okolini gde vas je priroda smestila". U svom petnaestom pravilu, Filalet se još jednom vraća na ovo važno pitanje. Pošto je primetio da umetnik mora da izvodi operaciju na

[1] *La Lumière sortant par soy-mesme des Ténèbres*, Paris, d'Houry, 1687, gl. III, str. 30.
[2] *Règles du Philalèthe pour se conduire dans l'Œuvre hermétique*, in *Histoire de la Philosophie hermétique*, par Lenglet-Dufresnoy, Paris, Coustelier, 1742, t. II.

mineralnim telima, a ne na organskim supstancama, kaže ovako:

„Potrebno je da voda iz našeg jezera proključa s pepelom Hermesovog drveta; savetujem vam da *ključa* noću i danju neprestano, tako da u radovima našeg olujnog mora nebeska priroda mogne da se popne a zemaljska da siđe. Jer vam tvrdim da, ako ne bude *ključalo*, nikada ne možemo naš rad nazvati *kuvanje*, nego tek *varenje*."

Osim na *vatru točka*, ukazujemo i na mali motiv, izvajan na desnoj strani istog trema i za koji Ž. Diran pretenduje da je replika sedmog medaljona iz Pariza. Evo šta o tome kaže rečeni autor (t. 1, str. 336):

„Gospoda Žurden i Dival nazvali su Nestalnost porok suprotan Postojanosti. Ali, čini nam se da reč Apostazija, kako predlaže opat Roze, bolje odgovara predstavljenom motivu. To je proćelavi lik, golobrad i s tonzurom, sveštenik ili monah, u mantiji s kapuljačom, koja dopire do nožnih članaka i koja se od one kod sveštenika iz grupe koja ilustruje Gnev razlikuje samo po pojasu kojim je čvrsto stegnuta. Odbacivši kraj sebe čarape i obuću, neku vrstu polučizama, on kao da se udaljava od divne crkvice s dugim i uskim prozorima, cilindričnim zvonikom, slepim vratima, i koja se vidi u daljini (sl. 34)." U napomeni, Diran dodaje: „Na velikom portalu Bogorodičine crkve u Parizu, u samoj crkvi apostata ostavlja svoju odeću; na vitražu iste crkve, on je napolju i u kretnji kao neko ko beži. U Šar-

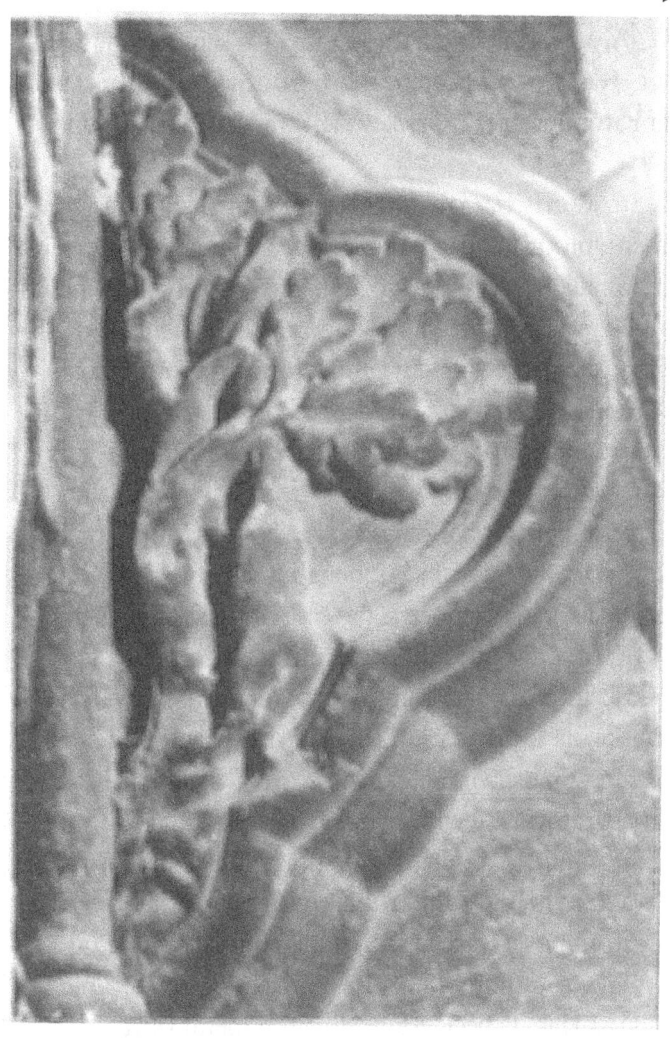

Sl. 35 : Katedrala u Amijenu – Petao i lisica

tru, on se potpuno razgolitio i ima još samo košulju na sebi. Raskin primećuje da je bezbožna luda uvek, na minijaturama iz 12. i 13. veka, predstavljena bosonoga."

Što se nas tiče, mi ne nalazimo nikakvu korelaciju između motiva iz Pariza i motiva u Amijenu. Dok onaj simbolizuje početak Dela, ovaj, naprotiv, prenosi njegov završetak. Crkva je pre atanor, a njen zvonik uzdignut uprkos najelementarnijim arhitektonskim pravilima, tajna peć u kojoj je filosofsko jaje. Ta peć je sa otvorima kroz koje majstor osmatra faze rada. Važan i veoma karakterističan detalj bio je zaboravljen: mislimo na izrezani luk u podnožju. No, teško je prihvatiti da bi neka crkva mogla biti sagrađena na takvim svodovima i izgledati kao da počiva na četiri noge. Nije manje rizično smatrati odećom nabacanu meku masu na koju umetnik pokazuje prstom. Ti razlozi su nas naveli na pomisao da motiv iz Amijena otkriva hermetički simbolizam i predstavlja alhemijsko kuvanje, kao i pripadajuću aparaturu. Alhemičar pokazuje desnom rukom na vreću sa ugljem, a odbacivanje obuće pokazuje dovoljno do koje mere se mora biti smotren i ćutljiv u tom skrovitom poslu. Što se tiče lake tkanine u koju je ogrnut majstor u motivu iz Šartra, to je objašnjivo toplotom koja zrači iz peći. Na četvrtom stepenu vatre, kada se operiše suvim načinom, biva nužno održavati temperaturu blizu 1200°, neophodnu i u projekciji. Naši savremeni radnici u metalurškoj industriji odeveni su slično sufleru iz Šartra. Bili bismo, svakako, srećni da saznamo razlog zbog kojeg apostate osećaju potrebu da odbacuju svoju odeću udaljavajući se od hrama. Upravo taj razlog bi trebalo izneti ako bismo da prihvatimo i podržimo tezu koju predlažu citirani autori.

Videli smo da u Bogorodičinoj crkvi u Parizu atanor takođe poprima oblik tornjića podignutog na svodovima. Razume se da ga nije bilo moguće, ezoterički, reprodukovati onakvog kakav je u laboratoriji. Umetnici su se, dakle, ograničili na to da mu daju arhitektonski oblik, a da ipak ne ukinu njegove karakteristike, dovoljno razgovetne da otkriju njegovu istinsku namenu. Na njemu nalazimo sastavne delove alhemijske peći: pepeljara, pećište i kupola. Uostalom, u tome se neće prevariti oni koji su pregledali stare grafičke listove, a posebno drvoreze o *Pirotehniji* koje je Žan Lijebo uneo u svoju raspravu.[1] Peći su predstavljene kao tvrđave s njihovim zaklonima, bedemskim otvorima, puškarnicama. Neke kombinacije ovih uređaja idu dotle da uzimaju vid zdanja ili malih utvrda otkuda se pomaljaju siskovi boca destilovača i grlići retorti.

Naspram desnog podnožja velikog trema otkrivamo, u okrnjenom četvorolisniku, alegoriju o *petlu* i *lisici*, dragu Bazilu Valentinu. Petao se popeo na granu *hrasta*, a lisica pokušava da ga dohvati (sl. 35). Profani

[1] Vid. Jean Liébaut, *Quatre Livres des Secrets de Médecine et de la Philosophie Chimique*, Paris, Jacques du Puys, 1579, str. 17^a i 19^a.

u ovoj slici nalaze temu jedne srednjovekovne narodne basne koja je, prema Žurdenu i Divalu, bila uzor za gavrana i lisicu. „Ne vidimo", dodaje Ž. Diran, „psa ili pse koji upotpunjuju tu basnu." Ovaj tipični detalj nije, izgleda, pobudio pažnju autora na okultni smisao simbola. Pa ipak, naši preci, koji su bili brižljivi i egzaktni tumači, ne bi propustili da sve aktere prikažu ako bi se doista radilo o poznatom prizoru iz basne.

Možda bi na ovom mestu valjalo na korist naše braće, sinova nauke, razviti smisao slike više nego što smo smatrali da to moramo da učinimo povodom istog amblema izvajanog na tremu u Parizu. Kasnije ćemo nesumnjivo objasniti tesan odnos koji postoji između *petla* i *hrasta*, i pokazati njegovu analogiju s porodičnom vezom; jer sin je sjedinjen sa svojim ocem kao petao sa svojim drvetom. U ovom času kazaćemo jedino da su *petao* i *lisica* samo isti hijeroglif koji obuhvata dva različita fizička stanja iste materije. Najpre pada u oči da je *petao* ili *isparljivi* sastojak, dakle živi, aktivan, pun kretanja, ekstrahovan iz *sadržine* čiji je amblem *hrast*. Tu je naš čuveni izvor iz koga, u podnožju svetog drveta, tako obožavanog među Druidima, ističe bistra bujica. Drevni filosofi su ga nazivali *Merkur*, mada je on bez ikakve sličnosti sa običnim živim srebrom. Jer, voda za kojom osećamo potrebu jeste *suva*, ne kvasi ruke i izbija iz stene pod udarom Aronovog štapa. Takvo je alhemijsko značenje *petla*, amblema *Merkura* kod pagana i *uskrsnuća* kod hrišćana. Taj *petao*, nepostojan kakav već jeste, može postati *Feniks*. Pre toga, pak, mora preći u stanje privremene čvrstine koju karakteriše simbol *prepredenjakinje*, naše hermetičke *lisice*. Važno je, pre nego što se upustimo u praktički poduvat, znati da *živa* [merkur] sadrži po sebi *sve što je nužno* za rad. „Neka je blagosloven Svevišnji", uzvikuje Geber, „koji je stvorio taj Merkur i dodelio mu prirodu kojoj ništa ne odoleva! Jer bez njega bi se alhemičari uzaludno upinjali, i ceo njihov rad bi bio nekoristan." To je jedina materija koja nam je potrebna. U stvari, koliko god u potpunosti bila isparljiva, ako se ta *suva voda* pokrije nekim *sredstvom* za njeno dugo držanje u vatri, ona može dovoljno očvrsnuti da se odupre stepenu toplote koji bi je inače u celini pretvorio u paru. Tada ona menja amblem, a njena izdržljivost na vatru, njeno otporno svojstvo, atribuira joj lisicu kao znamen njene nove prirode. *Voda se pretvorila u zemlju*, a živa u sumpor. Međutim, uprkos lepoj boji koju je dobila dugim kontaktom s vatrom, ta zemlja ne bi bila ništa u svome suvom obliku. Stari aksiom nas uči da je *svaka tinktura nekorisna u stanju suvoće*. Tu zemlju ili so trebalo bi, dakle, iznova rastvoriti u istoj vodi iz koje se iznedrila ili, što je isto, *u njenoj vlastitoj krvi*, tako da po drugi put postane isparljiva i da *lisica* opet povrati kompleksnost, krila i rep *petla*. Tom drugom operacijom nalik prvoj, smeša se ponovo koaguliše. I bori se protiv tiranije vatre, ali ovoga puta u fuziji, a ne više zbog svog suvog svojstva. Tako se rađa prvi kamen, niti apsolutno čvrst niti apsolutno isparljiv, ipak dovoljno stalan na vatru, veoma prodoran i sjedinljiv. Ova njegova svojstva biće potrebno da pojačate pomoću *trećeg ponavljanja* iste tehnike. Onda će *petao*, atribut svetog Petra, istinski i fluidni *kamen* na kojem počiva hrišćansko zdanje, *zapevati tri puta*. Jer on, prvi apostol, drži *oba ukrštena ključa* rastvaranja i koagulacije. On je simbol isparljivog kamena koga, taložeći, vatra očvršćava i zgušnjava. Sveti Petar je, niko to ne zna, bio raspet *glavom nadole*...

Među divnim motivima severnog portala, ili portala Svetog Firmina, bezmalo u celosti pokrivenog zodijakom i odgovarajućim poljskim i domaćinskim prizorima, opisaćemo dva zanimljiva bareljefa. Prvi prikazuje utvrđenje čija je masivna i okovana kapija zakriljena odbrambenim kulama između kojih se uzdižu dva sprata. Podnožje ukrašava otvor s rešetkama.

Da li je to simbolizam filosofskog ezoterizma, socijalan, moralan i religijski, koji se raskriva i razvija i u sto petnaest ostalih četvorolisnika? Ili u tom motivu iz 1225. godine moramo da vidimo ideju rodilju *Alhemijske tvrđave* koju će preuzeti i modifikovati Kunrat 1609. godine? Nije li to pre tajanstveni i neosvojivi *Dvorac* kralja naše Umetnosti o kojem govore Bazil Valentin i Filalet? Šta god bilo, tvrđava ili kraljevsko boravište, građevina impozantnog i odbojnog izgleda izaziva stvaran utisak snage i neosvojivosti. Sazidana da čuva neko blago ili štiti neku važnu tajnu, izgleda da je

175

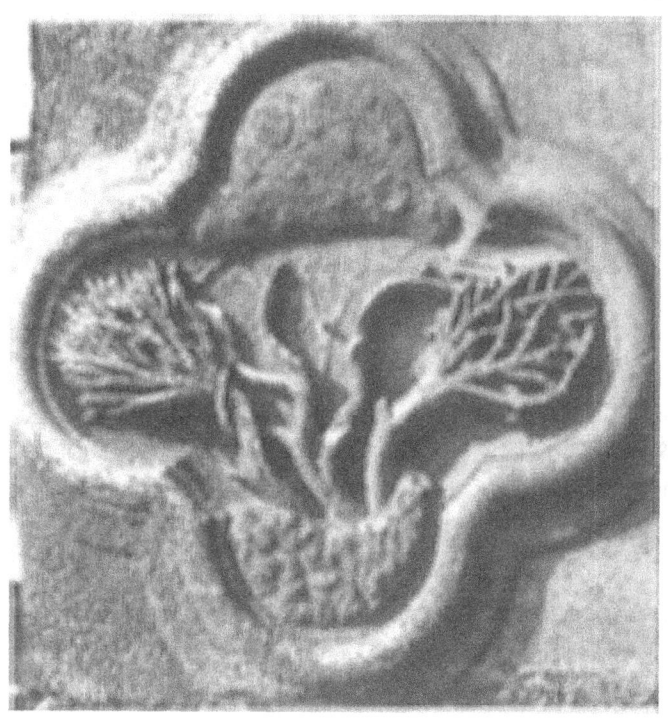

Sl. 36 : Katedrala u Amijenu – Prve materije

u nju nemogućno ući ukoliko ne posedujete ključ od njenih moćnih katanaca koji je obezbeđuju od svake provale. Nalikuje na tamnicu ili pećinu, a iz vratnica zrači nešto zlokobno, strašno, što nagoni na pomisao o ulazu u Tartar:

Vi koji ovde ulazite, napustite svaku nadu.

Drugi četvorolisnik, odmah ispod ovog, pokazuje osušeno drveće, izuvijanih i isprepletanih grana ispod oštećenog nebeskog svoda, ali na kojem se još mogu raspoznati slike sunca, meseca i nekoliko zvezda (sl. 36).

Taj prikaz se odnosi na prve materije velike Umetnosti, na metalne planete čiju smrt je, kažu nam Filosofi, izazvao oganj i koje je fuzija učinila inertnim, lišila ih životne moći, kao što je to slučaj s drvećem zimi.

Zato su nam Učitelji toliko puta preporučivali da ih *reinkrudujemo*, dodajući im, s tečnom formom, njihov *sopstveni agens* koji su izgubili prilikom metalurške redukcije. Ali, gde naći taj agens? To je velika misterija koju smo često doticali tokom ovog istraživanja, parčajući je nasumice po amblemima, tako da bi jedino oštroumni istraživač bio kadar da raspozna njene osobine i identifikuje njenu supstancu. Nismo hteli da sledimo staru metodu kojom se izlagala izvesna istina, izražena paraboličkia, popraćena nekim tobožnjim ili krivotvorenim navodom da bi čitalac nesposoban da razdvoji pravo zrno od lažnog bio doveden u zabludu. Nezahvalniji nego što bismo mogli poverovati, ovaj rad je, svakako, mogućno pretresati i kritikovati; ne smatramo da nam se nikada ne može prebaciti da smo upali u neku omašku. Nisu sve istine, kažu, za objavljivanje. Uprkos toj izreci, uvereni smo da se istine daju učiniti razumljivim, koristeći neku jezičku finesu. „Naša Umetnost", govorio je nekada Artefije, „u potpunosti je *kabalistička*." Kabala nam je, zapravo, uvek bila od velike koristi. Omogućavala nam je, ne služeći se trikovima u stvarima istine, ne izopačavajući izražavanje, ne falsifikujući Nauku, niti se krivo zaklinjući, da iskažemo mnoge stvari za kojima bismo uzalud tragali u knjigama prethodnika. Pokatkad, pred nemogućnošću da nastavimo ne kršeći našu zakletvu, bili smo skloniji ćutanju nego varljivim aluzijama, nemosti nego zloupotrebi poverenja.

Šta možemo, dakle, da kažemo ovde, sučelice s *Tajnom nad tajnama*, pred tim *Verbum demissum* koji smo već spominjali, i kojega je Isus poverio svojim apostolima, kao što o tome svedoči sveti Pavle:

„Postao sam služitelj Crkve po Božjoj volji koja mi je upućena radi vas – da ispunim Njegovu reč, naime *Tajnu koja je bila skrivena od svakog vremena i naraštaja*, ali koja se sada obznanjuje onima koje on smatra dostojnim."[1] Šta možemo da kažemo osim da se pozove-

---

[1] Sveti Pavle, *Poslanica Košanima*, gl. 1, st. 25-26.

mo na svedočenje velikih učitelja koji su, i oni, pokušavali da je objasne?

„Metalni *Haos* načinjen rukama prirode sadrži u sebi sve metale, a nije metalan. Sadrži zlato, srebro i živu, a ipak nije ni zlato, ni srebo, ni živa."[1] Tekst je jasan. Volite li više simbolički jezik? Za to nam primer daje Hemon kada kazuje:

„Da biste zadobili prvi agens, potrebno je izložiti se potonjem delu *sveta*, tamo gde se čuje kako odjekuje grmljavina, kako dahće vetar, kako pada tuča i vetar; tamo ćete naći stvar ako je tražite."[2]

Svi opisi koje su nam ostavili filosofi o njihovoj *sadržini*, ili prvoj materiji koja sadrži neophodni agens, veoma su zbrkani i tajanstveni. Evo nekoliko, izabranih među najboljima.

Autor komentara o *Svetlosti koja se pomalja iz Mraka* piše, na str. 108: „Suštastvo u kojem boravi *duh* za kojim tragamo usađeno je i urezano u njega, mada nesavršenim črtama i rezama. Isto je rekao Ripli Englez na početku svojih *Dvanaest Kapija*. A Egidije u svome *Dijalogu o Prirodi* jasno i kao zlatnim slovima ispisano pokazuje da ono što je ostalo, u tom *svetu*, jeste delić *prvog Haosa* koji svako poznaje, ali i prezire, i koji se

---

[1] *Le Psautier d'Hermophile*, in *Traités de la Transmutation des Métaux*, Mss. anon. du XVIIIe sičecle, strophe XXV.
[2] Haymon, *Epistola de Lapidibus Philosophicis*, traktat 192, t. 6 dela *Theatrum Chemicum*, Argentorati, 1613.

javno rasprodaje." Isti autor veli i, na str. 263, da se „ta *sadržina* nalazi na mnogim mestima i u svakom od triju kraljevstava; ali, vodimo li računa o mogućnostima prirode, izvesno je da sama *metalna priroda* mora biti potpomognuta iz prirode i od prirode; i, dakle, jedino u *mineralnom kraljevstvu*, gde boravi metalno seme, moramo tražiti *sadržinu* svojstvenu našoj umetnosti".

„Ona je kamen od velike vrednosti", kaže sa svoje strane Nikola Valoa,[1] „i jeste rečeni kamen i nije kamen, i jeste mineralan, vegetalan i animalan, koji je nađen na svim mestima i u svim vremenima, i kod svih osoba."

Flamel[2] piše isto: „Postoji okultni kamen, skrovit, i zakopan u najvećoj dubini jednog izvorišta koje je prljavo, prezreno i na zlu glasu. I koje je pokriveno otpacima i izlučevinama. Kojem se, koliko god ono bilo jedno, nadevaju svakojaka imena. Zašto, kaže mudri Morijan, taj kamen ne-kamen je oživljen, sa svojstvom da začinje i rađa. Taj kamen je mek, a njegov početak, njegovo poreklo, njegov soj, od Saturna su ili od Marsa, Sunca i Venere; i on je Mars, Sunce i Venera..."

„Postoji mineral", kaže Bretonac[3], „za koji znaju

---

[1] *Œuvres de N. Grosparmy et Nicolas Valois*, mss. cit. supra, str. 40.

[2] Nicolas Flamel, *Original du Désir désiré*, ili *Thrésor de Philosophie*, Paris, Hulpeau, 1692, str. 144.

[3] Le Breton, *Clefs de la Philosophie Spagyrique*, Paris, Jombert, 1722, str. 240.

istinski Učenjaci i skrivaju ga u svojim spisima pod raznim imenima, a koji u izobilju sadrži čvrsto i isparljivo."

„Filosofi su imali pravo", piše jedan anonimni autor[1], „da tu misteriju skrivaju od očiju onih koji stvari cene samo po koristima koje iz njih izvlače. Jer, ako bi je upoznali, ili im otvoreno bila otkrivena *Materija*, za koju je Bog priuštio sebi zadovoljstvo da je sakrije u stvarima koje im izgledaju *korisne*, oni je ne bi više cenili." Ova je misao analogna onoj iz *Oponašanja Isusa Hrista*[2], kojom ćemo završiti ove zamršene navode: „Onaj ko ceni stvari po njihovoj vrednosti, a ne sudi ih po zasluzi ili zato što ih ljudi cene, poseduje istinsku Mudrost."

Vratimo se na fasadu amijenske crkve.

Anonimni majstor koji je izvajao medaljone na tremu Device-Majke veoma je zanimljivo protumačio kondenzaciju univerzalnog duha. Adept posmatra bujicu *nebeske rose* koja pada na masu, po izvesnim autorima smatranu za runo. Ne osporavajući to mišljenje, umesno je takođe pomisliti na drukčije telo, na neko poput minerala nazvanog *Magnezija* ili filosofski *Magnet*. Primetićete da voda ne lije drugde nego baš na razmatrani predmet, što potvrđuje pomisao o nekoj *privlačnoj odlici* skrivenoj u tom telu, te ne bi bilo bez važnosti pokušati da je ustanovimo (sl. 37).

---

[1] *La Clef du Cabinet hermétique*, ms. cit. supra, str. 10.
[2] *Imitation de Jésus-Christ*, liv. II, cap. I, v. 6.

Sl. 37 : Katedrala u Amijenu – Rosa filosofa

Ovde bismo, verujemo, mogli da ispravimo neke omaške počinjene povodom vegetalne simbolike koja je, uzimana doslovno od neznaličkih suflera, znatno doprinela da se diskredituje alhemija i ismeju njeni zatočnici. Govorićemo o *Nostoku*. Taj se kriptogam[1], koji poznaju svi seljaci, sreće svuda po selu, tek na travi, tek na golom tlu, na poljima, na ivici drumova, na rubu šume. U ranu zoru, u proleće, nailazimo na njih nabujale od noćne rose. Pihtijaste i drhtave – otuda njihov naziv *drhtuše* – one su najčešće zelenkaste i brzo se suše pod dejstvom sunčevih zraka, te je nemogućno otkriti njihov trag na mestu na koje su se rasprostrle samo pre neki čas. Sve te osobine – iznenadna pojava, apsorpcija vode i bujanje, zelena boja, mekoća i lepljivost – podstakle su filosofe da tu algu uzmu kao hijeroglifski model za njihovu materiju. Svakako je u pitanju neka hrpa te vrste, simbol za mineralnu *Magneziju* mudraca, koju vidimo na četvorolisniku iz Amijena kako apsorbuje nebesku rosu. Nabrojmo brzo neka od mnogih imena korišćena za *nostok*, a koja, u duhu Učitelja, označavaju samo njihovo mineralno načelo: *Nebeski luk*[2], *Mesečev ispljuvak*, *Zemljin maslac*, *Rosina mast*, *Bilj-*

---

[1] Fr. *cryptogame* – biljka bez prašnika i tučka, pa čak i bez sopstvenih cvetova (*prim. prev.*).

[2] Fr. *Archée* – od latinskog *archeus* kojim su se služili alhemičari, a taj izraz opet od grčkog *arkhe* u značenju temelja, osnove, načela. Alhemičari su, recimo Paracelzus, tako označavali „središnji oganj zemlje" i „životni princip". Kako god bilo, naziv je vezan za zemljinu utrobu, to jest, po Fulkaneliju, „mineralno načelo". (*Prim. prev.*)

ni vitriol, *Flos Coeli* itd. Sudeći po navedenim nazivima, na njega se gleda kao na sabirnik Univerzalnog duha, ili kao na zemaljsku materiju koja je šiknula iz središta u stanju pare, pa je potom koagulisana hlađenjem u dodiru s vazduhom.

Rečeni izrazi, koji ipak nisu bezrazložni, učinili su da zaboravimo na stvarno i inicijacijsko značenje *Nostoka*. Reč potiče od grčkog νὺξ, νυκτός, što odgovara latinskom *nox, noctis*, noć. U pitanju je, znači, stvar koja se *rađa noću*, potrebna joj je noć da bi se razvila i može da se radi samo noću. Istovremeno, *naša sadržina* je veličanstveno skrivena pred profanim pogledima, koliko god da je lako mogu izdvojiti i otvoriti oni koji egzaktno poznaju prirodne zakone. Ali, eto, koliko li se oni malo trude da porazmisle i koliko je njihovo umovanje ograničeno!

Pogledajte ovamo, kažemo mi, vi koji ste se već toliko *naradili*, šta to smatrate da činite među vašim zapaljenim pećima, mnogobrojnim instrumentima, svakojakim, nekorisnim? Nadate li se da sa svim tim komadima nešto istinski *stvarate*? – Svakako ne, pošto moć stvaranja pripada jedino Bogu, jedinom Tvorcu. Vi biste, dakle, da u okrilju vaših materijala izazovete neki *generativni proces*. Ali, u tom slučaju, neophodna vam je pomoć prirode, i morate znati da će vam ta pomoć biti uskraćena ako, nesrećnim sticajem ili neznanjem, ne dovedete prirodu u stanje delovanja njenih zakona. Pa koji je onda *primordijalni uslov*, suštinski, da bi ma kakav generativni proces mogao da se očituje? Odgovorimo umesto vas: *totalna odsutnost svake sunčeve svetlosti*, čak i difuzne ili najblaže. Osvrnite se, propitajte sopstvenu prirodu. Ne vidite li da se u ljudskom i životinjskom svetu *oplođavanje* i *generisanje* izvršava, zahvaljujući određenom rasporedu organa, u *potpunoj tami* koja se održava sve do dana rođenja? – Da li na površini tla, pri punom svetlu, ili u zemlji samoj, u tami, biljno seme može da klija i reprodukuje se? Da li je dan ili noć kada pada oplođujuća rosa koja ga hrani i oživotvorava? Pogledajte pečurke; nije li noć kada se one rađaju, kada rastu i razvijaju se? Pogledajte i sebe; nije li takođe noć kada vaš organizam, u noćnom snevanju, nadoknađuje svoje gubitke, eliminiše svoje otpatke, obnavlja ćelije, nova tkanja umesto onih koje je dnevna svetlost sagorela, istrošila i razgradila? Nema toga, sve do rada varenja, asimilacije, transformacije hrane u krv i organsku supstancu, što se ne odigrava u tami. Hoćete li opit? – Uzmite oplođena jaja, položite ih u neku jarko osvetljenu odaju; po završetku inkubacije, sva će vaša jaja biti s mrtvim embrionima, više ili manje raspadnutim. Ako se neko mladunče i izleže, biće slepo, kržljavo i bez dugog veka. Takav je koban uticaj sunca, ne na vitalnost uobličenih individua, nego na *generativni proces*. I ne verujte da se učinci nekog osnovnog zakona u stvorenoj prirodi ograničavaju samo na *organska* kraljevstva. Bez obzira na njihovu manje vidljivu reakciju, podležu im i minerali, baš kao

Sl. 38 : Katedrala u Amijenu – Zvezda sa sedam zrakova

životinje i bilje. Dovoljno je poznato da je produkcija fotografske slike zasnovana na osobini srebrnih soli da se na svetlosti *razlažu*. Te se soli, dakle, vraćaju u njihovo *inertno* metalno stanje, dok su u mračnoj laboratoriji bivale sa svojstvom aktivnim, živim i senzibilnim. Pomešana dva gasa, hlor i vodonik, održavaju svoju smešanost dokle god su u tami. Na difuznom svetlu se sporo mešaju, a sa silovitom eksplozijom ako su izloženi punom svetlu. Veliki broj metalnih soli u rastvoru se na dnevnom svetlu preobražavaju ili talože za duže ili kraće vreme. Ferosulfat se, tako, brzo menja u ferisulfat itd.

Važno je, dakle, voditi računa da je sunce besprimerni razgraditelj svih odveć mladih supstanci, odveć slabih da bi se oduprle njegovoj ognjenoj snazi. I na tom naročitom, tako realnom, delovanju zasnovana je terapeutska metoda za isceljivanje spoljnih povreda kojom se postiže brzo zarastanje ozleda i rana. Ta smrtonosna moć zvezde nad mikrobima, a zatim i organskim ćelijama, omogućila je upravo fototerapiju.

Pa sada, radite za videla ako vam tako prija, ali nas ne optužujte zbog toga što vaši napori okončavaju u neuspehu. Što se tiče nas, znamo da je boginja Izida majka svih stvari, da ih sve drži u svome krilu i da je jedino ona razrešiteljka *Otkrovenja* i *Inicijacije*. Vi, profani, koji imate oči da ne biste videli i uši da ne biste slušali, kome se obraćate svojim molitvama? Zar ne znate da se do Isusa dopire samo posredstvom *njegove*

Majke; *Sancta Maria ora pro nobis* [Sveta Marijo, moli za nas]? A radi vašeg znanja, Devica je predstavljana sa stopalima na *lunarnoj* kifli, uvek odevena u plavo, simboličku boju zvezde noći. Mogli bismo još mnogo da kažemo, ali smatramo da je dovoljno rečeno.

Završimo, dakle, sa ispitivanjem originalnih hermetičkih primera s katedrale u Amijenu, otkrivajući na levoj strani spomenutog trema Device-Majke mali ugaoni motiv koji dočarava prizor inicijacije. Majstor pokazuje trojici svojih učenika *hermetičku zvezdu* o kojoj smo već davno slušali, tradicionalnu zvezdu vodilju Filosofa i ukazuje im na rođenje *Sunčevog sina* (sl. 38). Podsetimo se ovde, povodom zvezde pred nama, krilatice Nikole Rolena, kancelara Filipa Dobrog, oslikane 1447. godine na popločanom podu bolnice u Bonu, koju je on utemeljio. Ta je krilatica (u vidu rebusa – Jedina) manifestovala nauku njenog posednika karakterističnim *znakom* Dela, jedinstvenom, *jedinom zvezdom*.

BURŽ

1

Burž, taj drevni grad berišonskog kraja, tih, sabran, spokojan i siv poput manastira, ponosan već kao mesto jedne veličanstvene katedrale, nudi ljubiteljima prošlosti i druga, jednako značajna zdanja. Među njima, dvorac Žaka Srca [Jacques-Cœur] i zgrada Lalman najčistiji su alem-kamenovi na njegovoj čudesnoj kruni.

O prvome zdanju, koje je nekada bilo istinski muzej hermetičkih amblema, malo ćemo reći. Talasi vandalizma su ga pregazili, ruinirali njegovu unutrašnju dekoraciju, i da nam fasada nije očuvana u prvobitnom stanju, danas bi nam bilo nemogućno da zamislimo, suočeni s golim zidovima, opustošenim odajama, visokim zasvođenim galerijama, nekadašnju neuporedivost tog velelepnog staništa.

Dugujemo ga Žaku Srce, velikom juveliru-srebrnaru Šarla VII. Sagradio ga je u 15. veku. Žak Srce je imao ugled proverenog adepta. David de Planis-Kampi navodi ga, zapravo, kao nekog „s dragocenim darom za kamen u beloj meni", drugim rečima za transmutaciju prljavih metala u *srebro*. Otuda, možda, i njegovo zvanje *srebrnar*. Kako god bilo, moramo priznati da je Žak Srce, obiljem izabranih simbola, učinio sve da bi potvrdio svoju istinsku ili pretpostavljenu odliku *filosofa po vatri*.

Svako poznaje znamen i krilaticu tog istaknutog lika: *tri srca*, koja su u središtu te legende u vidu rebusa, *A vaillans cuers riens impossible* [Za odvažno srce ništa nije nemoguće]. Ohola maksima, krcata energijom, koja poprima, ispitujemo li je po kabalističkim pravilima, posebno značenje. U stvari, čitamo li *cuer* po ondašnjem pravopisu, i dobićemo u isti mah: 1. iskaz o Univerzalnom duhu (*svetlosni zrak* [rayon de lumičere]), 2. običan naziv za osnovnu materiju alhemijski obrađenu (*železo* [le fer]), 3. tri ponavljanja neophodna za potpuno usavršavanje dva Magisterijuma (*tri srca* [les trois cuers]). Naše je uverenje stoga da je Žak Srce lično praktikovao alhemiju, ili da je barem svojim očima video rad na *kamenu u beloj meni* pomoću „esencijalizovanog" i triput kaljenog železa.

Među omiljenim hijeroglifima našeg srebrnara zavidno mesto zauzimaju školjka s reckavim obodom i srce. Obe slike su uvek sparene ili simetrično raspoređene, onako kako se to može videti u središnjim motivima kvadriranih krugova na prozorima, balustrada, ploča i zvekira. Nesumnjivo je da u toj dvojnosti školjke i srca postoji neki rebus sa imenom vlasnika ili s njegovim skraćenim, stenografskim potpisom. Međutim, školjke od te grebenaste vrste (*Pecten Jacoboeus*, kako ih nazivaju prirodnjaci) oduvek su služile kao počasni znak raspoznavanja hodočasnika Svetog Žaka. Nošene su bilo na kapi (kao što se da primetiti na statui svetog Džejmsa u Vestminsterskoj opatiji), ili oko vrata, ili pak prikačene na prsa, uvek tako da su vidljive. *Školjka iz Kompostela* (sl. 39), o kojoj ćemo imati još mnogo da kažemo, u tajnoj simbolici služi za označavanje načela *Merkura*[1], zvanog i *Putnik* ili *Hodočasnik*. Nju mistički nose svi koji se poduhvataju rada i pokušavaju da dosegnu zvezdu (*compos stella*). Nije neobično onda što je Žak Srce na ulazu svoje palate naložio da se reprodukuje *icon peregrini* [hodočasnički znamen], tako omiljen kod srednjovekovnih suflera. Ne opisuje li i Nikola Flamel, u svojim *Hijeroglifskim figurama*, parabolično putovanje u koje se upustio da bi, kaže, od „Gospodina Jakova od Galicije" tražio pomoć, luču i zaštitu? Odatle počinju svi alhemičari. S hodočasničkim štapom kao vodičem i reckavom školjkom kao znamenom, oni moraju da preduzmu to dugo i opasno putovanje čija polovina je kopnena, a druga – morska. Najpre hodočasnici, potom moreplovci.

Kapela, restaurisana, potpuno oslikana, jedva da je zanimljiva. Ako izuzmemo tavanicu, na ukrštaju zašiljenih lukova, gde dvadesetak preterano novih anđela na glavama nose globus i razmotavaju svitke, i Blagovešte-

---

[1] Merkur [živa] jeste *osvećena voda* Filosofa. Velike školjke su nekada služile kao škropionice, sudovi za *svetu vodu*. Takve se još često nalaze u mnogim seoskim crkvama.

Sl. 39 : Burž – Dvorac Žaka Srca / Školjka iz Kompostela

nje izvajano na timpanonu vrata, ne ostaje ništa od pređašnjeg i iščezlog simbolizma. Pođimo, dakle, do najzanimljivijeg i najoriginalnijeg komada u Dvorcu.

To je divna skupina, izvajana na zidnoj konsoli, koja ukrašava sobu zvanu *Riznica*. Tvrdi se da ona predstavlja susret Tristana i Izolde. Nećemo to da osporavamo; tema neće, uostalom, ništa izmeniti u simboličkom izrazu koji zrači. Lepa srednjovekovna pesma deo je ciklusa romana o *Okruglom stolu*, tradicionalnih hermetičkih predanja koja obnavljaju grčke mitske priče. Ona se neposredno odnosi na prenošenje starih naučnih saznanja, pod velom ingenioznih maštarija koje je popularizovao genije naših pikardijskih truvera (sl. 40).

U središtu motiva je prazni, kvadratni kovčežić uprt u podnožje bujnog drveta čija lisnata krošnja skriva glavu kralja Marka s krunom. S jedne strane kovčežića javlja se *Tristan od Leona*, a na glavi mu je kapa s pridržnim obručem. S druge strane, Izolda, s krunom koju pridržava desnom rukom. Naši likovi su prikazani u *šumi Moroa*, u iždžikljaloj viskoj travi i cveću. Poglede upiru u misteriozni izdubljeni kamen koji ih razdvaja.

Mit o Tristanu od Leona replika je mita o Teseju. Tristan se bori i ubija *Morhuta*, a Tesej *Minotaura*. Ovde se ponovo srećemo s hijeroglifom za pripravljanje *Zelenog lava* – otuda i Tristanovo ime *od Leona, Lavlji*. O tom hijeroglifu je govorio Bazil Valentin u vidu bitke dva čelnika, *orla* i *zmaja*. Ova naročita borba hemijskih tela čija kombinacija obezbeđuje tajni rastvarač (i posudu za smešu) bila je tema mnogih svetovnih bajki i svetih alegorija. Tako, Kadmo pribija zmiju uz hrast, Apolon strelama ubija čudovište Pitona, a Jason zmaja iz Kolhide. Zatim, Horus koji se bori s Tifonom, po ozirijskom mitu; Herkul odseca Hidrine glave, Persej Gorgoninu. Sveti Mihajlo, sveti Đorđe, sveti Marsel, kao hrišćanske replike Perseja, savlađuju Zmaja. Persej, naime, zajahavši svog konja Pegaza, ubija čudovište, Andromedinog čuvara. Tu je i borba lisice i petla, o kojoj smo govorili, opisujući medaljone iz Pariza, te alhemičara i zmaja (Silijani), remore i salamandra (Sirano de Beržerak)[1], crvene zmije i zelene zmije, itd.

[1] Remora je mala morska riba koja na glavi ima sisaljku pomoću koje može da se pričvrsti na razna plutajuća tela. U antici joj je otuda, u Sredozemlju, pripisivana velika snaga. Plinije govori da je kadra, ako se zakači za korito broda, da usmerava brod kuda ona želi, čak i uprkos najjačih morskih struja i vetrova. Sirano de Beržerak, na koga se poziva Fulkaneli, tvrdi da remora boravi prvenstveno blizu pola, u ledenim vodama. Ona je samo načelo hladnoće, pa zato sposobna da zaledi svaku vodu u kojoj se nađe. Nasuprot njoj stavlja salamandra kao načelo vatre. Ovaj je, po fizičkom izgledu, reptil i sa svojstvom, po mitovima i legendama, da živi u vatri. Tako se u navodnom sukobu remore i salamandra, hijeroglifa leda i hijeroglifa vatre, odigrava borba, po Fulkaneliju, načela žive (remora) i načela sumpora (salamander). U tom fantastičnom sudaru pobeđuje – remora. (*Prim.prev.*)

Taj neobični rastvarač omogućava *reinkrudaciju* prirodnog zlata, njegovo omekšavanje i povratak u njegovo prvobitno stanje u vidu soli, prhke i veoma rastopljive. Reč je o podmlađivanju kralja, koje opisuju svi autori, početku nove evolutivne faze, personifikovane u motivu koji isputujemo Tristanom, sinovcem kralja Marka. U stvari, stric i sinovac samo su, hemijski govoreći, jedna ista stvar, od iste vrste i sličnog porekla. Zlato gubi svoju krunu, naime gubi svoju boju tokom izvesnog vremenskog intervala, i lišen je nje sve dok ne dospe do stepena nadmoći kada umetnost i priroda mogu da ga nose. Tada on nasleđuje drugu, „beskrajno otmeniju od prve", kao što nas uverava Limožon de Sen-Didije. Pogledajmo kako se jasno ističu siluete Tristana i kraljice Izolde, dok stari kralj ostaje skriven u krošnji središnjeg drveta koje izbija iz kamena kao što Jesovo drvo izbija iz Patrijarhovih prsa. Primetimo i da je kraljica istovremeno supruga starca i mladog junaka, čime se održava hermetička tradicija koja od kralja, kraljice i ljubavnika čini hermetičku trijadu Veledela. Najzad, uputimo na detalj koji je od izvesne vrednosti za analizu simbola. Drvo iza Tristana je sa ogromnim plodovima (kruške ili divovske smokve), i to u takvom obilju da lisnata krošnja nestaje pod njihovom masom. Neobična šuma, doista, ta šuma *Mrtvokralja* [Mort-Roi], i koliko je samo nalik mitskom i čudesnom Hesperidskom vrtu.

Sl. 40 : Burž – Dvorac Žaka Srca / Grupa Tristana i Izolde

2

Još više od dvorca Žaka Srca, našu pažnju će privući zgrada Lalman. Građansko stanište, skromnih dimenzija i manje starog stila, s njom imamo retku povlasticu da je u stanju savršene očuvanosti. Nikakva restauracija, nikakvo sakaćenje nije joj oduzelo divan simbolički karakter koji se pomalja iz raskošne dekoracije s delikatnim i minucioznim temama.

Glavni deo kuće, sagrađen na strmini, s fasadom je čije podnožje je otprilike u visini jednog sprata u odnosu na ravan dvorišta. Takva situacija iziskuje korišćenje stepeništa napravljenog ispod svoda koji opada do polukružnog luka. Ingeniozno koliko i originalno rešenje omogućava pristup u unutrašnje dvorište odakle se ulazi u sobe.

Na zasvođenom odmorištu, na početku stepeništa, čuvar – čiju prijatnost moramo da pohvalimo – otvara mala vrata s naše desne strane. „Ovde je kuhinja", kaže nam. – Odaja prilično prostrana, zapravo u prizemlju, ali niske tavanice, samo jedan prozor, otvoren po širini i predvojen kamenim nosačem, jedva da svetlost tuda prolazi. Ognjište majušno, bez dubine. Takva je „kuhinja". Da bi potkrepio svoju tvrdnju, naš vodič pokazuje zidnu konsolu na kojoj je prikazan sveštenik koji steže ručku nekog tučka. Da li je to zaista slika nekog kvarikuvara iz 16. veka? Sumnjamo. Naš pogled ide od malog ognjišta – na kojem bi se jedva mogla ispeći ćurka, ali koje je dovoljno za pećište atanora – do kutlače navodnog kuvara, zatim kruži po kuhinji, tako tužnoj, sumornoj, u ovom svetlom letnjem danu...

Što više razmišljamo, vodičevo objašnjenje biva manje verovatno. Ova niska prostorija, mračna, udaljena od trpezarije od koje je odvojena stepeništem i otvorenim dvorištem, bez ikakvog drugog uređaja osim tesnog, nedovoljnog ognjišta, bez kovane osnovne rešetke i držača za verige, nikako ne bi mogla da odgovori ma i najmanjoj kulinarskoj svrsi. Naprotiv, izgleda nam divno prilagođena alhemijskom poslu, iz kojeg sunčevo svetlo, neprijateljsko prema svakom generativnom procesu, mora biti isključeno. Što se tiče kuvarskog potrčka na zidu, dovoljno poznajemo savesnost i brigu za tačnošću koje su držale nekadašnje *živopisce* prilikom tvoračkog prevođenja njihove misli a da bismo instrument koji pokazuje posetiocu smatrali za *tučak*. Ne možemo da verujemo da je umetnik zaboravio da prikaže i *avan*, neophodni protivdeo. Uostalom, sam oblik tog pribora je karakterističan. Kutlača u pitanju zapravo je *boca s dugim grlićem* nalik onoj koju koriste naši hemičari i koje nazivaju *baloni* zbog njihovog trbušastog oblika. Najzad, ručka ovog pretpostavljenog *tučka* je izdubljena i istesana u cevku, što dokazuje da imamo posla s nekim šupljim instrumentom, vazom ili fiolom (sl. 41).

Ovoj neophodnoj posudi i izuzetno tajnoj davana su mnoga imena, birana tako da zaštite od profanih ne samo njenu istinsku namenu nego i njeno oblikovanje. Inicijati će nas shvatiti i znati o kojoj posudi govorimo. Uglavnom je nazivana *filosofsko jaje* ili *Zeleni lav*. Pod izrazom *jaje* Mudraci razumevaju svoju smešu, držanu u njenoj sopstvenoj fioli i spremnu za transformacije pod dejstvom vatre. U tom smislu, stvarno je u pitanju *jaje*, pošto njegov omotač, ili njegova ljuska, obuhvata filosofski *rebis*, formiran od belog i crvenog sloja u analognoj srazmeri kao kod ptičjeg jajeta. Što se tiče drugog naziva, na njegovo tumačenje se ne nailazi u tekstovima. U svom *Arijadninom klupku*, Batsdorf veli da su Filosofi sud koji služi za alhemijsko kuvanje zvali *Zeleni lav*, ali za to ne navodi nikakav razlog. Kosmopolita, još više insistirajući na svojstvu boce i njenoj neophodnosti u radu, tvrdi da u Delu „postoji taj jedini *Zeleni lav* koji zatvara i otvara sedam nerastvorivih pečata sedam metalnih duhova, i koji uzburkava tela sve dok ih potpuno ne homogenizuje, i to putem dugog i postojanog umetnikovog strpljenja". Rukopis Georga Auraha[1] pokazuje *staklenu bocu* do polovine napunjenu *zelenom tečnošću* i dodaje da svaka umetnost počiva na zadobivanju tog jedinog *Zelenog lava*, kao i da samo njegovo ime ukazuje na njegovu boju. To je *vitriol* Bazila Valentina. Treća figura iz Zlatnog runa

---

[1] *Le Très précieux Don de Dieu*, Ms. de George Aurach, de Strasbourg, escript et peint de sa propre main, l'an du Salut de l'Humanité rachetée, 1415.

199

Sl. 41 : Burž – Zgrada Lalman / Posuda za Veledelo

gotovo je istovetna sa Aurahovom slikom. Na njoj se vidi filosof odeven u crveno, s purpurnim plaštom i zelenom kapuljačom, a koji desnom rukom pokazuje na *staklenu bocu* sa *zelenom* tečnošću. Ripli je još bliži istini kada kaže: „Samo jedno nečisto telo ulazi u naš magisterijum; Filosofi ga uglavnom nazivaju *Zeleni lav*. To je *medij* ili *sredstvo* za združivanje tinktura između sunca i meseca."

Sudeći po navedenim naznakama, očigledno je da se na bocu gleda dvostruko, zavisno od njene materije i njenog oblika, s jedne strane kao *bocu prirode* i, s druge, kao *bocu umetnosti*. Navedeni opisi, malobrojni i ne baš jasni, odnose se na prirodu boce; veći broj tekstova nam, pak, objašnjava jajasti oblik. Ovaj može, po volji, biti sferičan ili ovoidan, pod uslovom da je od jasnog, prozirnog stakla, bez oštećenja. Njeni zidovi moraju imati određenu debljinu da bi izdržala unutrašnje pritiske, pa neki autori preporučuju da se u tu svrhu uzme staklo iz Lorene.[1] Naposletku, njen grlić je veoma dug ili kratak, već prema umetnikovom naumu ili sklonosti; suština je da se lako može pričvrstiti za držač. No, rečene podrobnosti iz prakse prilično su poznate da bismo trošili vreme na opširnija objašnjenja.

Što se nas tiče, prvenstveno bismo da smatramo da

---

[1] Termin *staklo iz Lorene* nekada je služio za razlikovanje *livenog* od *duvanog* stakla. Zahvaljujući livenju, staklo iz Lorene moglo je da ima veoma debele i pravilne zidove.

su laboratorija i boca za Delo, mesto gde posluje Adept i mesto gde priroda deluje, dve izvesnosti koje presreću inicijata na početku njegove posete i obilaska zgrade Lalman, jednog od najzavodljivijih i najređih filosofskih staništa.

S vodičem pred nama, evo nas sada na popločanom dvorištu. Nekoliko koraka nas vodi do ulaza u lođu široko osvetljenu preko hodnika otvorenog na tri luka. To je velika prostorija s tavanicom premreženom debelim gredama. U njoj su monoliti, stele i drugi antički ostaci koji joj daju izgled nekog lokalnog arheološkog muzeja. Ne zanimaju nas oni, nego frontalni zid na kojem je veličanstveni bareljef od obojenog kamena. On predstavlja svetog Hristifora koji spušta malog Isusa na stenovitu obalu legendarnog potoka koji su upravo prešli. U drugom planu, pustinjak s fenjerom u ruci, jer se prizor odigrava noću, izlazi iz svoje kolibe i ide put Deteta-Kralja (sl. 42).

Često smo bili u prilici da vidimo lepe stare prikaze svetog Hristifora. Nijedan se, međutim, nije toliko približio predanju koliko ovaj. Izvan sumnje je, dakle, da tema ovog remek-dela i tekst Žaka de Voražina sadrže isti hermetički smisao, i to čak s jednim detaljem koji ne možemo naći drugde. Počevši od te činjenice, sveti Hristifor poprima kapitalni značaj u odnosu na postojeću analogiju između ovog gorostasa koji nosi Hrista i materije koja nosi zlato (gr. Χρυσοφόρος), jer oboje igraju istu ulogu u Delu. Kako je naša namera da budemo korisni iskrenom i punom poverenja studentu, odmah ćemo razviti ezoterizam predstave o kojoj govorimo, kako smo i nagovestili govoreći o statuama svetog Hristifora i monolitu podignutom u Porti Bogorodičine crkve u Parizu. Ali, želeći da što bolje budemo shvaćeni, najpre ćemo prepisati samo predanje, prema Žaku de Voražinu, o kojem izveštava Amede de Pontje.[1] Planski ćemo isticati mesta i imena koja se neposredno odnose na rad, uslove i materije, tako da možete da se zaustavite, promislite o njima i izvučete korist.

„Pre nego što je postao hrišćanin, Hristifor se zvao *Oferus*. Bio je to div od čoveka, duha veoma tromog. Kada je sazreo, *on krete da putuje*, govoreći da bi hteo *da služi najvećeg kralja na zemlji*. Poslaše ga na dvor jednog moćnog kralja koji je bio radostan da ima tako snažnog *slugu*. Jednog dana, slušajući kako neki pevač izgovora ime đavolovo, kralj sa užasom učini znak krsta. 'Zašto si to uradio?', odmah zapita Hristifor. 'Jer se bojim đavola', odvrati kralj. 'Ako ga se bojiš, znači da nisi tako moćan kao on! Onda odoh da služim đavola.' Iz tih stopa *Oferus* otide.

Posle dugog pešačenja u potrazi za tim moćnim vladarem, on vide kako mu u susret dolazi velika grupa jahača odevenih u crveno. Njihov vođa je bio u crnome i reče mu: 'Šta tražiš?' – 'Tražim đavola da mu služim.'

---

[1] Amédée de Ponthieu, *Légendes du Vieux Paris*, Paris, Bachelin-Deflorenne, 1867, str. 106.

— 'Ja sam đavo; sledi me.' I tako *Oferus* bi uvršten u pratnju Sotoninu. Jednog dana dok su brzo jahali, paklena grupa naiđe na krst na ivici druma; đavo naredi da okrenu. 'Zašto si to učinio?', zapita *Oferus* uvek rad da nešto nauči. — 'Zato što se bojim slike Hristove.' — 'Ako se bojiš slike Hrista, manje si moćan od njega; onda ću da uđem *u službu Hristovu*.' *Oferus sam prođe pored krsta* i nastavi svoj put. Srete *dobrog pustinjaka* i zapita ga gde bi mogao da nađe Hrista. 'Svuda', odgovori pustinjak. — 'Ne razumem', reče *Oferus*, 'ali ako govorite istinu, u čemu bi mogla da mu posluži ovako snažna i silna ljudina poput mene?' — 'Možete mu služiti', reče pustinjak, 'molitvom, postom i *bdenjima*.' *Oferus* načini grimasu. 'Nema li nekog drugog načina da mu bude prijatno?', zapita on. Samotnik razumede s kim ima posla i, uzimajući ga za ruku, odvede ga na obalu plahog *potoka*, koji je *tekao s visoke planine*, pa mu reče: '*Siromasi* koji su prelazili *ovu vodu* davili su se. Ostani ovde i na svojim jakim plećima prenosi one koji ti to zatraže. Ako to činiš iz ljubavi prema Hristu, on će te priznati za svoga *slugu*.' — 'Radiću to iz ljubavi prema Hristu', odgovori *Oferus*. Tako on sagradi kolibu na reci i danonoćno je prenosio putnike koji bi ga za to zamolili.

Jedne noći, slomljen umorom, duboko je spavao. Probudiše ga udarci na vrata i on ču glas *deteta* koje ga pozva *triput* imenom. Ustade, uze dete na svoja široka ramena i kroči u bujicu potoka. Stigavši do sredine, vide kako se odjednom potok pomami, talasi narastoše i obrušiše se na njegove noge da bi ga srušili. On je odolevao što je bolje mogao, ali dete je bilo teško kao ogromno breme. Onda on, u strahu da ne ispusti malog putnika, iz korena iščupa drvo da se o njega osloni. No, bujica bivaše sve goropadnija, a dete sve teže i teže. U strahu da se ono ne udavi, *Oferus* podiže glavu prema njemu i reče: 'Dete, zašto si tako teško? Izgleda mi da nosim ceo svet.' Dete odgovori: 'Ne da nosiš svet, već *onoga koji ga je stvorio*. Ja sam Hristos, tvoj Bog i tvoj gospodar. Za nagradu za tvoju pregornu službu krstim te, u ime svoga Oca, u svoje ime i u ime Svetoga duha. Ubuduće ćeš se zvati Hristifor.' Od toga dana, Hristifor putovaše po zemlji da bi *širio reč* Hristovu."

Ova pripovest je dovoljna da pokaže s kakvom je vernošću umetnik osmotrio i prizvao i najsitnije potankosti iz predanja. Ali, učinio je još nešto bolje. Pod nadahnjujućim uticajem učenog hermetiste koji mu je preporučio delo,[1] oblikovao je gorostasa s nogama u vodi, lakom tkaninom ogrnutog preko ramena i obvijenog širokim pojasom u visini abdomena. Taj pojas daje svetom Hristiforu njegov istinski ezoterički karakter. Ono što ćemo o njemu reći ovde, ne poučava se.

---

[1] Prema izvesnim dokumentima sačuvanim u arhivama zgrade Lalman, znamo da je Žan Lalman pripadao alhemijskom bratstvu *Vitezova Okruglog stola*.

Sl. 42 : Burž – Zgrada Lalman / Predanje o svetom Hristiforu

Ali, osim što u većini slučajeva tako razotkrivena nauka ne biva manje tamna, smatramo, s druge strane, da je knjiga koja ničemu ne uči nekorisna i uzaludna. Iz tog razloga, potrudićemo se da rastumačimo simbol onoliko koliko nam je to mogućno, te da istraživačima okultnog pokažemo *naučnu činjenicu skrivenu* pod njegovom slikom.

Oferusov pojas je izbrazdan *izukrštanim linijama* nalik onima koje se javljaju na površini rastvarača kada je on pripremljen *po pravilima*. To je *znak* koji svi filosofi prihvataju kao spoljašnje obeležje za unutrašnje stanje – za svojstvo, savršenstvo, krajnju čistoću – njihove živine supstance. Mnogo puta smo već rekli, i opet to ponavljamo, da se ceo rad umetnosti sastoji u naprezanju da se na toj živi najposle iskaže rečeni *znak*. A taj *znak* su stari autori nazivali *Žig Hermesa, Žig Mudraca* ([*Sel des Sages*, So Mudraca] *Sel* umesto *Scel* [*Sel*=so, *Scel*=žig]), što zbunjuje istraživače, *beleg* ili *otisak Svemogućeg*, njegov *potpis*, zatim i *Zvezda Maga, Polarna zvezda* itd. Ovaj geometrijski dispozitiv javlja se i opstoji s više čistote kada je zlato, da bi bilo rastvoreno, stavljeno u živu radi njegovog vraćanja u prvobitno stanje *mladog* ili *podmlađenog zlata*, ukratko *zlata-deteta*. U tome je razlog zbog čega je živa – *odani sluga* ili *Žig zemlje* – nazvana *Fontana mladosti*. Filosofi govore, dakle, jasno kada uče da živa, počevši od izvedenog rastvaranja, *nosi dete, Sina sunca, Malog kralja* (Kralji-

ća), kao prava majka, pošto se, u stvari, *zlato iznova rađa iz njenog okrilja.* „Vetar – koji je krilata i isparljiva živa – doneo ga je u njen stomak", kaže nam Hermes u *Smaragdnoj ploči.* Tajnu verziju te pozitivne istine ponovo srećemo, pak, u *Kolaču kraljeva* koji se obično deli u porodici na dan Bogojavljenja, čuvenom blagdanu koji podseća na *pojavljivanje* Isusa Hrista *deteta* kraljevima magima i neznabošcima. Tradicija prenosi da je mage do kolevke Spasiteljeve vodila jedna *zvezda* koja je, za njih, bila *znak objavljenja*, *Blagoveštenje* njegovog rođenja. Naš *kolačić* je *naznačen* kao sama materija i u svom testu sadrži malo dete, u narodu zvano *kupač*. To je Dete-Isus koga nosi Oferus, *sluga* ili *putnik*. To je *zlato prilikom kupanja*, kupač. To je *bob, kopito, kolevka* ili *krst* časni, a to je i *riba* „koja pliva u našem filosofskom moru", prema izrazu Kosmopolite.[1] Primetimo da je, u vizantijskim bazilikama, Hristos pokatkad bio predstavljen kao sirena, s *ribljim* repom. Tako je prikazan na jednom od kapitela crkve Svetog Brisa, u Sen--Brisonu-na-Loari (Loare). *Riba* je hijeroglif za kamen filosofa u njegovom prvorodnom stanju, zato što se kamen, kao i riba, rađa u vodi i živi u vodi. Među slikarijama na alhemijskoj peći P.-H. Pfaua, iz 1702.

---

[1] *Cosmopolite* ou *Nouvelle Lumière chymique. Traité du Sel*, str. 76, Paris, J. d'Houry, 1669.

godine[1], pojavljuje se ribolovac na struk koji izvlači lepu *ribu* iz vode. Druge alegorije preporučuju da je lovimo *mrežom*, koja je, opet, tačan precrt petlji formiranih ukrštenim linijama i šematizovanih na našim bogojavljenskim *kolačima*.[2] Spomenimo, međutim, drugu, ređu, ali ne manje blistavu amblemsku formu. U prijateljskoj porodici u koju smo bili pozvani da učestvujemo u deobi kolača, videsmo na kori, ne bez izvesnog iznenađenja, razgranati *hrast* umesto romboidnih oznaka koji se obično nalaze na tom mestu. Kupač je zamenjen porcelanskom ribom, a ta *riba* je bila riba *iverak* [fr. *sole*] (lat. *sol, solis*, sunce). Ubrzo ćemo dati hermetičko značenje *hrasta*, kada budemo govorili o Zlatnom runu. Dodajmo i da je čuvena Kosmopolitova *riba*, koju on naziva *Ehineis*, zapravo *morski jež* (ehinus) [fr. *oursin*], *meče, mali medved* [fr. *ourson, la petite ourse*], sazvežđe u kojem je *polarna zvezda* [severnjača]. Fosilizovani oklopi morskih ježeva, otkrivani u obilju na svim terenima, imaju zrakastu površinu u vidu zvezde. Zato Limožon de Sen-Didije preporučuje istraživačima da svoje puteve podešavaju „s obzirom na *severnu zvezdu*".

---

[1] Ta peć se čuva u muzeju u Vinterturu (Švajcarska).

[2] Narodni izraz *dobiti kolač* znači *biti sa srećnom sudbinom*. Ko je dovoljno srećan da *nađe bob u kolaču*, ništa mu više nije potrebno, nikada mu neće nedostajati novca. Biće dvostruko *kralj*, po nauci i po srećnoj sudbini.

Sl. 43 : Burž – Zgrada Lalman / Zlatno runo

Ta tajanstvena riba o kojoj govorimo je u pravom smislu reči *kraljevska riba*. Ko je nađe u svom parčetu kolača, biva proglašen za *kralja* i slavljen kao takav. Nekada su, pak, *kraljevskom ribom* nazivani delfin, moruna, losos i pastrmka, budući da su te vrste, po kazivanju, bile namenjene kraljevskoj trpezi. U stvari, to nadevanje imena ima samo simbolički karakter, pošto je *stariji kraljev sin*, onaj koji bi trebalo da nasledi krunu, nosio uvek titulu *Dofen* [delfin], naziv ribe koja je, štaviše, *kraljevska riba*. Upravo je *delfin*, uostalom, riba koju ribolovci u barki znamenite *Mutus Liber* pokušavaju da ulove *mrežom* i na udicu. *Delfine*, takođe, opažamo u različitim ukrasnim motivima zgrade Lalman: na srednjem prozoru ugaonog tornjića, na kapitelu jednog stuba, kao i na ukrasnom obodu malog kredenca u kapeli. Grčko *Ichtus* iz rimskih katakombi nema drugog porekla. Martinji[1] reprodukuje, tako, zanimljivu sliku iz katakombi na kojoj je prikazana riba kako pliva u bujici, a na leđima joj je *košara* s hlebom i nekim crvenim predmetom, duguljastog oblika, koji bi mogao biti flaša vina. *Košara* koju nosi riba isti je hijeroglif kao i kolač; njena tekstura je izvedena takođe sa ukrštenim nitima. Da ne bismo dužili sa ovim korelacijama, zadovoljimo se da upozorimo radoznale na Bahovu *košaru*, zvanu *Cista*, koju su prilikom bahana-

---

[1] Martigny, *Dictionnaire des Antiquités chrétiennes*, art. *Eucharistie*, 2e éd., str. 291.

lijskih procesija nosili cistofori i „u kojoj se nalazilo ono što je bilo srce misterije", po rečima Fr. Noela.[1]

Sve se, pa i testo kolača podvrgava zakonitostima tradicionalne simbolike. Testo je *lisnato*, a naš mali *kupač* je u njega udenut poput vrpce pamtilice u knjizi. To je interesantna potvrda materije prikazane kolačem Kraljeva. Sendivogije nas uči da pripremljena živa ima izgled i oblik kamene mase, prhke i *lisnate*. „Ako je dobro osmotrite", veli on, „opazićete da je ona potpuno lisnata." Kristalni slojevi koji sačinjavaju supstancu superponirani su kao *listovi knjige*. Zbog toga je nazivana *lisnata zemlja, zemlja od lišća, knjiga s listovima* itd. U svemu tome vidimo prvu materiju Dela simbolički izraženu *knjigom*, otvorenom, zatvorenom, već prema tome da li je bila obrađena ili tek iskopana iz rudnika. Ponekad, kada je ta knjiga predstavljena zatvorena, što je znak za sirovu mineralnu supstancu, nije retko videti je obavijenu sa sedam traka. To je obeležje sedam uzastopnih operacija koje valja izvesti da bi se ona otvorila, jer svaka od njih lomi po jedan od pečata zatvorenosti. Takva je *Velika knjiga prirode* koja na svojim stranicama obuhvata otkrovenje profanih nauka i otkrovenje svetih misterija. Njen stil je jednostavan, čitanje lako, uz uslov, međutim, da znamo gde da je nađemo, što je veoma teško, i da mognemo, naročito, da je otvorimo, što je još napornije.

---

[1] Fr. Noel, *Dictionnaire de la Fable*, Paris, Le Normant, 1801.

Posetimo sada unutrašnjost zgrade Lalman. U dnu dvorišta su vrata, nadsvođena lukom, koja vode u primaće sobe. Ima tu veoma lepih stvari, i *dilettanti* naše Renesanse otkriće tu svega i svačega po njihovom ukusu. Prolazimo trpezariju, sa čudesima od ispregrađivane tavanice i visokog kamina, s grbovima Luja XII i Ane od Bretanje, i stajemo na prag kapele.

Pravi dragulj koji su s ljubavlju obradili i izrezbarili veličajni umetnici, ova po dužini mala odaja, ako izuzmemo prozor s tri luka u gotskom stilu, jedva da je kapela. Čitava ornamentacija je profana, svi motivi koji je ukrašavaju preuzeti su iz hermetičke nauke. Vrhunski, obojeni bareljef, izveden u stilu svetog Hristifora iz lođe, ima za temu paganski mit o Zlatnom runu. Sekcije na tavanici služe kao okviri mnogobrojnim hijeroglifskim figurama. Divan kredenac iz 16. veka predočava jednu alhemijsku zagonetku. Nijedan religijski prizor, nijedan stih iz psalama, čak ni jevanđeljske parabole, samo misterijska reč sveštene umetnosti... Da li je mogućno da se bogoslužilo u ovoj sobici, tako malo pravovernoj u svojoj kićenosti, ali zato zgodnoj, u svojoj mističkoj intimnosti, za meditacije, čitanja, to jest molitvu Filosofa? – Kapela, studio ili oratorij? Pitamo, ne odgovarajući.

Bareljef *Zlatno runo*, kojeg najpre zapažate, ulazeći u prostoriju, veoma je lep pejsaž na kamenu, ukrašen bojom, ali slabo osvetljen, s mnoštvom zanimljivih detalja koje je patina vremena učinila teškim za ispitivanje. U središtu amfiteatra od okomitih stena obraslih mahovinom nalazi se šuma u kojoj pretežu hrastovi, s hrapavim stablima ustremljenim uvis, olistalih na vrhu. Na proplancima se primećuju razne životinje koje nije baš lako identifikovati (kamila, bik ili krava, žaba na steni itd.) i koje oživljavaju divlji i donekle neobavezan izgled mesta. Na travnom tlu rastu cvetovi i trska iz roda *phragmites*. Na desnoj strani je, na stenovitoj izbočini, *ovnujska* koža nad kojom straži zmaj čija se preteća senka odražava na nebu. I sam Jason je bio predstavljen podno jednog od hrastova, ali se taj deo kompozicije, nesumnjivo krhko pripojen, odlomio od celine (sl. 43).

Mitska priča o *Zlatnom runu* je potpuna enigma hermetičkog rada koji treba da okonča s filosofskim kamenom.[1] U jeziku adepta, *Zlatnim runom* se naziva materija pripremljena za Delo kao konačni rezultat. To je veoma tačno, pošto se te supstance razlikuju samo po čistoći, čvrstoći i zrelosti. Kamen filosofa i filosofski kamen [kamen mudrosti] dve su, dakle, stvari slične po vrsti i poreklu, ali prva je sirova, dok je druga, izvedena iz prve, pržena i varena. Grčki pesnici nam pripovedaju da je „Zevs bio tako zadovoljan Friksovom žrtvom u svoju čast da je odlučio da oni kod kojih bude to *runo* žive u obilju dokle god ga čuvaju, a da je, ipak, bilo dopušteno svakome da pokuša da ga preotme." Bez

---

[1] Up. *Alchimie*, nav. delo.

opasnosti od greške, možemo tvrditi da nije bilo baš mnogo onih koji su koristili rečeno odobrenje. I to ne zato što bi zadatak bio nemogućan, čak ni krajnje opasan, jer ko god poznaje *zmaja*, zna i kako da ga pobedi, nego zbog znatne teškoće koja se skriva u tumačenju simbola. Kako ustanoviti zadovoljavajuću saglasnost između toliko različitih slika i protivrečnih tekstova? Ali, to je jedino nam dato sredstvo da prepoznamo pravu stazu između svih bezizlaznih puteva, nerešivih ćorsokaka, koji su pred nama i neofita iskušavaju da krene jednim od njih. Nećemo, ipak, nikada prestati da hrabrimo učenike da svoje napore usmere ka rešenju ove tamne tačke koja je, ma koliko materijalna i opipljiva, stožer oko kojeg se obrću sve simboličke kombinacije koje istražujemo.

Ovde se istina pojavljuje pod velom dve različite slike, slike *hrasta* i slike *ovna*, koje predstavljaju, kao što smo maločas izneli, samo *jednu i istu stvar* u *dva* različita *aspekta*. U stvari, po starim autorima, *hrast* je uvek bio korišćen za označavanje običnog naziva za početnu sadržinu, onakvu kakvu zatičemo u rudniku. I to je zbog približnosti, čiji ekvivalent odgovara *hrastu*, da nas filosofi podučavaju o toj materiji. Rečenica kojom se služimo izgleda dvosmislena. Žao nam je, ali ne bismo umeli da je formulišemo bolje a da ne pređemo izvesne međe. Jedino će oni inicirani u jezik bogova razumeti bez ikakve muke, zato što raspolažu ključevima koji otvaraju sva vrata, bilo da su u pitanju vrata

Sl. 44 : Burž – Kapela zgrade Lalman / Kapitel stuba nosača (desna strana)

nauka ili vrata religija. Među nekolikim, pak, navodnim kabalistima, Jevrejima ili hrišćanima, bogatijim u pretenzijama nego u znanju, koliko ih je kadrih da shvate ove stvari? Ima li među njima nekog Tiresije, Taleta ili Melampa? Ne, mi nikako ne pišemo za one čije iluzorne kombinacije ne vode ničemu utemeljenom, pozitivnom i naučnom. Ostavimo, dakle, te *doktore kabale* njihovom neznanju i vratimo se našoj temi, hermetički okarakterisanoj *hrastom*.

Svako zna da hrast na svome lišću često nosi male okrugle i hrapave izrasline, ponekad sa otvorom, zvane *galski* orah (lat. *galla*) [fr. *noix de galle*, šišarica]. Ako uporedimo tri reči iz iste latinske skupine, *galla, Gallia, gallus*, dobijamo *galle, Gaule, coq* [šišarica : Galija, stari naziv za Francusku : petao]. Petao je amblem Galije i atribut *Merkura* [živa], kao što to izričito kaže Jakob Tolije[1]; on kruniše zvonike francuskih crkvi, i ne naziva se Francuska bez razloga Starija kćerka Crkve. Samo je još jedan korak potreban da bismo otkrili šta su to, s toliko brižnosti, skrivali učitelji umetnosti. Nastavimo. Ne samo da hrast daje *galle*, nego daje i *grimiz* [fr. *kermès*] koji je, u Veseloj nauci, sa istim značenjem kao *Hermes* (početno slovo je samo permutovano). Oba termina su sa istovetnim značenjem: *Merkur*. Međutim, dok od *galle* potiče naziv za sirovu živinu materiju, *grimiz* (na arapskom *girmiz, koji boji u skerletno*)

[1] *Manuductio ad Coelum chemicum*, Amstelodami, ap. J. Waesbergios, 1688.

karakteriše pripremljenu supstancu. Važno je da ne pomešate te dve stvari da ne biste lutali kada pređete na opite. Podsetite se, dakle, da živa Filosofa, to jest njihova pripremljena materija, mora posedovati svojstvo bojenja, a da to svojstvo stiče tokom prvih priprema.

Što se tiče grube *sadržine* Dela, jedni je nazivaju *Magnesia lunarii*. Drugi, iskreniji, zovu je *Olovo Mudraca, Biljna Saturnija*. Filalet, Bazil Valentin i Kosmopolita kažu za nju *Saturnov sin* ili *Saturnovo dete*. U tom raznolikom imenovanju, oni vide čas njeno magnetno i privlačno svojstvo sumpora, čas njenu odliku da se sjedinjuje, njen lak prelazak u tečno stanje. Za sve, to je *Sveta zemlja (Terra sancta)*. Najzad, taj mineral ima za nebeski hijeroglif *Ovna (Arijes)*. *Gala* na grčkom znači *mleko*, a *živa* je zvana i *Devičino mleko (lac virginis)*. Ako dakle, braćo, obratite pažnju na ono što smo rekli o *kolaču Kraljeva* [Bogojavljenski kolač] i ako znate zašto su Egipćani obogotvorili *mačku*, nećete se ni najmanje dvoumiti koju sadržinu valja da izaberete. Njeno obično ime biće vam nedvosmisleno znano. Tada ćete posedovati onaj *Haos Mudraca* „u kojem su sve skrivene tajne na snazi", kao što to tvrdi Filalet, a koje vešti umetnik ne okleva da aktivira. Otvorite, naime dekomponujte tu materiju. Pokušajte da iz nje izdvojite čisti deo, ili njenu *metalnu dušu*, kako se to kaže u svetom izražavanju, i imaćete Grimiz, Hermes, *kolorišuću* živu koja u sebi nosi *mističko zlato* kao što sveti Hristifor nosi Isusa, a ovan sopstveno runo.

Razumećete zašto je *Zlatno runo* obešeno o *hrast*, na način galskog oraha i grimiza. I moći ćete da kažete, ne ogrešujući se o istinu, da *stari hermetički hrast služi kao majka tajnoj živi*. Dovodeći u vezu predanja i simbole, vaš će se duh obasjati svetlom i spoznaćete tesnu bliskost koja objedinjuje hrast i ovna, svetog Hristifora i Dete-Kralja, dobrog Pastira i jagnje, hrišćansku repliku Hermesa Kriofora, itd.

Napustimo prag kapele i zastanimo nasred nje. Onda podignite pogled i divite se jednoj od najdivnijih zbirki amblema od svih na koje možete naići.[1] Sastavljena od sekcija raspoređenih u tri poprečna reda, tavanica je, otprilike na polovini svoga raspona, poduprta s dva kvadratna stuba, oslonjena uz zidove i sa četiri izdubljena žleba na svome licu.

Desni stub, gledajući u jedini prozor koji osvetljava ovu odajicu, nosi između svojih uvojaka ljudsku lobanju, smeštenu na konsoli od hrastovog lišća i s dva krila. To je veoma izražajni prikaz novog generativnog procesa koji počinje posle truljenja kao posledice smrti. Ova iskrsava iz mikstura kada su one izgubile životvornu i isparljivu dušu. Smrt tela ostavlja za sobom pojavu izrazito plave ili tamnoplave obojenosti, asocirane s *Gavranom*, hijeroglifom *caput mortuum* Dela. To je

---

[1] Možete uporediti dva neprocenjiva primera tavanica koje su posvećene inicijacijskim temama. Prvi, skulptorski, u Dampijeru--na-Butoni, iz 16. veka (vid. u *Les Demeures Philosophales*). Drugi, slikarski, u Plesi-Bureu, iz 15. veka (vid. u *Deux Logis Alchimiques*).

Sl. 45 : Burž – Zgrada Lalman / Tavanica kapele (fragment)

znak i prva manifestacija rastvaranja, razdvajanja elemenata i budućeg generisanja *sumpora*, koloritnog i očvršćavajućeg načela metala. Ta krila su tu da bi uputila, preko odstupanja isparljivog i vodenastog dela, na to da se dislokacija delova izvršava, da je kohezija prekinuta. Usmrćeno, telo pada u crni pepeo sa izgledom ugljene prašine. Potom, pod dejstvom unutrašnje vatre podstaknute tom dezagregacijom, pepeo, kalcinovan, napušta svoje grube i sagorive nečistoće. Tada se rađa čista *so*, koja se prženjem postepeno boji i odeva u okultnu moć vatre (sl. 44).

Na kapitelu levog stuba je deokrativna vaza čiji otvor je zakriljen s dva delfina. Iz vaze izlazi cvet koji se otvara u oblik nalik heraldičkim ljiljanima. Svi ti simboli se odnose na rastvarač, ili običnu živu Filosofa, načelo protivno sumporu, čiju smo amblemsku elaboraciju videli na kapitelu drugog stuba.

U podnožju oba potporna stuba, široka kruna od hrastovog lišća, okomito presečena dekorisanim spletom od istog lišća, reprodukuje grafički znak koji, u spagirskoj umetnosti, korespondira sa običnim nazivom sadržine. Kruna i kapitel ostvaruju tako reći potpuni simbol prve materije, onaj globus kojeg su Bog, Isus i neki drugi veliki vladari prikazivali, držeći ga u ruci.

Naša namera nikako nije da po spisku analizujemo sve slike koje ukrašavaju sekcije ove tavanice, uzorne u svojoj vrsti. To iziskuje posebnu studiju i prinudilo bi nas na česta ponavljanja. Stoga ćemo će se ograničiti na brzi opis i sažimanje onoga što izražavaju najoriginalnije slike. Među njima, ukazaćemo najpre na simbol sumpora i njegovo ekstrahovanje izvan prve materije, čija je grafička figura fiksirana, kao što smo maločas saznali, na svakom od spomenutih stubova. To je *armilarna sfera*[1] koja se nalazi na jednom upaljenom gorioniku i po sličnosti izuzetno je bliska jednoj od gravira u raspravi o Azotu. Ovde, žeravica zauzima mesto Atlasa, a toj slici naše prakse, po sebi veoma poučnoj, nije potreban nikakav komentar. Nedaleko odatle, *obična košnica*, ispletena, predstavljena u roju pčela, što je često reprodukovani motiv, posebno na alhemijskoj peći u Vinterturu. A evo sada baš poseban motiv za jednu kapelu: malo dete urinira u punom mlazu na svoju *nanulu*. Isti dečkić, tamo, kleči kod hrpe ravnih šipki i drži *otvorenu knjigu*, dok je kod njegovih nogu sklupčana *mrtva zmija*. – Da li da prekinemo ili produžimo? – Ne oklevajmo. Detalj, u polusenci pervaza, određuje značenje malog bareljefa: na vrhu hrpe je *zvezdasti pečat* kralja maga Solomona. Dole, *živa*; gore, *Apsolut*. Jednostavni i potpuni postupak koji prepostavlja samo jedan *put*, iziskuje samo *jednu materiju*, zahteva samo *jednu operaciju*. „Onaj ko ume da napravi Delo jedino pomoću

---

[1] U prikazu zemaljske kugle stara astronomija se služila takozvanom armilarnom sferom. U pitanju je globus načinjen pomoću krugova ili kružnih traka, koji su predstavljali nebo i zvezde. (*Prim. prev.*)

žive, našao je sve što je najsavršenije." Barem tako tvrde najčuveniji autori. Sjedinjavanje dva trougla od vatre i od vode, ili od sumpora i od žive sabranim u jedno jedino telo, proizvode zvezdu sa šest krakova, hijeroglif za Delo u pravom smislu i za realizovani Filosofski kamen, kamen mudrosti. Pored ove slike, druga nam predstavlja predručje u plamenu iz kojeg ruka vadi veliko *kestenje*. Dalje, isti hijeroglif, ruka pomaljajući se iz litice drži zapaljenu baklju. Ovde je Amaltejin rog iz kojeg se presipaju cvetovi i plodovi i koji služi kao motka za predah *kokoši* ili *jarebici* (ptica nije dovoljno artikulisana); ali, bilo da je u amblemu *crna koka* ili *crvena jarebica*, time se ništa ne menja u hermetičkom značenju. Evo sada *obrnute vaze* koja, zbog razbijene uške, izmiče čeljusti ukrasnog *lava* dok je ovaj drži u ravnoteži: to je originalna verzija *solve et coagula* iz Bogorodičine crkve u Parizu. Potom, u blizini, sledi druga tema, jedva pravoverna i prilično drska: dete koje pokušava da raskine brojanice na svome kolenu. Nešto dalje, velika *školjka*, naša *grebenasta školjka*, pokazuje očvrsnutu masu na sebi i obavijenu spiralnim trakama. Na osnovi sekcije sa ovom slikom petnaest puta se ponavlja grafički simbol koji omogućava tačnu identifikaciju sadržaja školjke. Isti se znak, supstitut za naziv materije, pojavljuje u susedstvu, u većim dimenzijama, u središtu velike užarene peći. Na drugom mestu ponovo srećemo dete koje kao da se igra artiste: s nogama u čuvenoj *grebenastoj školjki* i bacajući malecke školjke koje kao da potiču iz velike. Primećujemo i *otvorenu knjigu* koju proždire vatra; *golubicu sa aureolom*, amblem Duha, iz koje zrači i plamsa; ognjenog *gavrana* koji se stuštio na lobanju i kljuje je – združene figure smrti i truljenja; anđela „koji *vrti svet*" kao čigru (tema koja je preuzeta i razvijena u knjižici s naslovom *Typus Mundi*[1], delu nekolicine otaca isusovaca); filosofsku kalcinaciju simbolizovanu *narom* koji se upravo obrađuje vatrom *u zlatarskom sudu* – iznad kalcinovanog tela istaknuti su brojka 3 i slovo R i ukazuju umetniku na neophodnost *tri repeticije* istog postupka, na kojem smo već više puta insistirali. Naposletku, sledeća slika predstavlja *ludus puerorum*, komentarisan u Trismozenovom *Zlatnom runu* i tamo prikazan na istovetan način: dete zajahalo drvenog konjića, mamuza ga, bičuje, a lice mu sija od uživanja (sl. 45).

Ovim smo završili s nabrajanjem glavnih hermetičkih amblema izvajanih na tavanici kapele. Okončajmo ispitivanje analizom veoma zanimljivog i posebno retkog komada.

Izdubljen u zidu, kod prozora, mali kredenac iz 16. veka privlači pogled koliko divotom svoje dekoracije toliko misterijom jedne enigme smatrane za nerešivu. Nikada je, veli naš vodič po zgradi, nijedan posetilac nije valjano objasnio. Taj neuspeh nesumnjivo potiče iz

[1] *Typus Mundi* in quo ejus Calamitatis et Pericula nec non Divini, humanique Amoris antipathia. Emblematice proponuntur a RR.C.S.I.A. Antuerpiae. Apud Joan. Cnobbaert, 1627.

činjenice da niko nije shvatio prema kom vidokrugu je usmerena simbolika čitave dekoracije, ni koja se nauka skriva ispod mnoštva njenih hijeroglifa. Lepi barelјef *Zlatno runo* nije mogao da posluži kao nit vodilja, jer nije sagledan u svom istinskom smislu. Ostao je za sve mitološko delo u kojem je istočnjačka mašta dala sebi oduška. Naš kredenac, pak, i sam nosi alhemijski otisak čije smo osobenosti opisali u ovom radu (sl. 46). U stvari, na stubovima koji podupiru arhitrav ovog hrama u minijaturi, neposredno ispod kapitela otkrivamo ambleme posvećene *filosofskoj živi*. U pitanju je grebenasta školjka, školjka hodočasnika svetog Jakova ili škropionica sa osvećenom vodom. Ponad nje su krila i trozubac, atribut morskog boga Neptuna. Jasno da je reč o pokazatelju vodenog i isparljivog načela. Fronton je načinjen od široke dekorativne školjke koja služi kao oslonac za dva simetrična delfina povezana po osi njihovih repova. Tri goruća nara završavaju ornamentaciju ovog simboličkog kredenca.

Enigma, pak, obuhvata dva izraza: RERE, RER, koji su naoko bez ikakvog smisla i oba su *triput* ponovljena na konkavnoj osnovici niše.

Zahvaljujući tom jednostavnom rasporedu, otkrivamo već dragoceni putokaz: *tri ponavljanja* jedne jedine i iste tehnike prikrivene pod misterioznim izrazima RERE, RER. No, *tri vatrena nara* s frontona potvrđuju ovu trostruku akciju jednog jedinstvenog postupka, a kako oni predstavljaju *otelovljenu vatru* u crvenoj *soli*

Sl. 46 : Burž – Zgrada Lalman / Enigma kredenca

koja je filosofski *Sumpor*, lako ćemo razumeti da bi trebalo *triput ponavljati* kalcinaciju tela da bi se, prema Geberovom učenju, realizovala *tri filosofska dela*. Prva operacija dovodi najpre do *Sumpora*, ili medicine prvoga reda. Druga operacija, apsolutno nalik prvoj, obezbeđuje *Eliksir*, ili medicinu drugoga reda, koja se od Sumpora razlikuje samo po kvalitetu a ne po prirodi. Konačno, treća operacija, izvedena poput dve prve, daje *Filosofski kamen*, medicinu trećega reda, koja sadrži sve vrline, kvalitete i savršenstva Sumpora i Eliksira umnogostručene po snazi i dometu. Ako se, štaviše, zapitamo u čemu se sastoji i kako se izvodi trostruka operacija čije ishode izlažemo, uputićemo istraživača na bareljef na tavanici i na kojem se vidi kako se *peče nar* u izvesnom *gorioničkom sudu*.

Ali, kako odgonetnuti enigmu od reči lišenih smisla? – Na veoma prost način. RE, ablativ od latinskog *res*, znači *stvar*, sagledana u njenoj materijalnosti. Pošto reč RERE je zbir RE, *jedna stvar*, i RE, *druga stvar*, to tumačimo kao *dve stvari u jednoj*, ili *dvostruka stvar*, pa je RERE tako jednako s RE BIS. Otvorite hermetički rečnik, prelistajte bilo koji alhemijski spis, i naći ćete da reč REBIS, koju filosofi često upotrebljavaju, karakteriše njihovu *čorbu*, ili smešu spremnu da bude izložena uzastopnim metamorfozama pod uticajem vatre. Rezimirajmo. RE, suva materija, *filosofsko zlato*; RE, vlažna materija, *filosofska živa*; RERE ili REBIS, dvostruka materija, istovremeno vlažna i suva, filosofski amalgam zlata i žive, kombinacija koja je od prirode i umetnosti poprimila *dvostruko okultno svojstvo*, tačno uravnoteženo unutar sebe.

Hteli bismo da budemo podjednako jasni u objašnjenju drugoga izraza, RER, ali nam nije dopušteno da strgnemo veo s misterije koju on pokriva. Ipak, da bismo udovoljili, u meri mogućnog, legitimnu radoznalost dece umetnosti, kazaćemo da ova tri slova sadrže tajnu od kapitalne važnosti, a koja se odnosi na *posudu za Delo*. RER služi za kuvanje, za radikalno i nerazlučivo sjedinjivanje, za izazivanje metamorfoza u čorbi RERE. Kako dati dovoljno putokaza a ne pretvoriti se u verolomnika? – Ne verujte u ono što kaže Bazil Valentin u svome radu *Dvanaest Ključeva*, i pazite da ne uzmete njegove reči doslovno kada on pretenduje da „onaj ko ima materiju, naći će svakako lonac da bi je skuvao". Mi tvrdimo suprotno – a imajte poverenja u našu iskrenost – naime, da je nemogućno postići i najmanji uspeh u Delu ako se savršeno ne poznaje šta je to *Pehar Filosofa* i od koje materije treba da bude napravljen. Pontanus priznaje da je, pre nego što je upoznao ovaj tajni sud, bezuspešno pokušavao više od dvesta puta isti rad, iako je poslovao sa čistim i odgovarajućim materijama, i po pravilnoj metodi. Umetnik mora *lično da napravi* svoj lonac. To je jedan od naloga umetnosti. Ničega se ne poduhvatajte, dakle, ukoliko niste potpuno obasjali ovu ljusku jajeta, smatranu kod srednjovekovnih učitelja za *secretum secretorum* [tajnu nad tajnama].

Pa šta je RER? – Videli smo da RE znači *jednu stvar, jednu materiju*. R, koje je *polovina* od RE, značiće *polovinu stvari, materije*. RER je, dakle, jednako materiji uvećanoj za polovinu neke druge ili sebe same. Zapamtite da ovde nikako nije reč o srazmerama nego o nezavisnoj hemijskoj kombinaciji relativnih količina. Da biste nas bolje shvatili, uzmimo primer i pretpostavimo da je materija predstavljena s RE – *realgar* ili prirodni arsenov sulfid. R, polovina od RE, moglo bi stoga biti *sumpor* ili *arsen* iz realgara, koji su slični, ili različiti, već prema tome da li se sumpor i arsen gledaju odvojeno ili kombinovani u realgaru. Na taj način, RER se dobija realgarom *uvećanim* za sumpor, koji je već polovinski deo u sastavu realgara, ili za arsen, viđen kao druga polovina u istom crvenom sumporu [arsenov sulfid ili realgar je crvene boje, pa se u alhemiji i naziva *crveni sumpor*].

Još nekoliko saveta. Tražite najpre RER, to jest *lonac*. RERE će vam zatim biti lako dokučivo. Kada su Sibilu pitali šta je filosof, odgovorila je: „To je onaj koji ume da pravi staklo." Potrudite se da ga napravite saglasno našoj umetnosti, ne vodeći suviše računa o postupcima u staklarstvu. Industrija grnčarstva biće vam korisnija. Pogledajte reprodukcije kod Pikolpasija[1], otkrićete da jedna prikazuje *golubicu s nogama priljubljenim uz kamen*. Ne morate li, po izuzetnom Toli-

---

[1] Claudius Popelin, *Les Trois Livres de l'Art du Potier*, du cavalier Cyprian Piccolpassi, Paris, Librairie Internationale, 1861

jeovom viđenju, da magistra tražite i nađete u nekoj *isparljivoj* stvari? No, ako nemate posudu da je zadržite, kako ćete je sprečiti da ne ispari, da ne izvetri, ne ostavljajući nikakav trag od sebe? Dakle, prvo napravite posudu, a zatim svoju smešu. Zapečatite je brižljivo, tako da nijedan duh ne može da pobegne iz nje. I sve zagrevajte, saglasno umetnosti, do potpune kalcinacije. Čisti deo dobijenog praha ponovo stavite u vašu smešu koju ćete zapečatiti u istoj posudi. Ponovite to i treći put, i ne zahvaljujte nam. Jedino Tvorcu dugujete svoju zahvalnost. Za sebe, koji smo tek beleg na velikom putu ezoteričke tradicije, ne tražimo ništa, ni spomen ni zahvalnost, osim da se i vi za druge potrudite onoliko koliko smo to mi učinili za vas.

Naša poseta je završena. Još jednom naša zadivljenost, zamišljena i nema, ispituje ta čudesa i zaprepašćujuće paradigme čiji autor je tako dugo ostao nepoznat našima. Ima li negde knjige pisane njegovom rukom? – Izgleda da ništa na to ne ukazuje. Bez sumnje, po primeru velikih srednjovekovnih adepta, više je voleo da, pre nego papiru, poveri kamenu neosporno svedočanstvo o jednoj neizmernoj nauci čije je sve tajne posedovao. Pravo je i pravično, stoga, da uspomena na njega oživi među nama, da njegovo ime naposletku iziđe iz pomrčine i zablista, poput zvezde prvog reda, na hermetičkom nebeskom svodu.

Žan Lalman, alhemičar i vitez Okruglog stola, zaslužuje da zauzme mesto kraj svetog Grala, i tamo se druži s Geberom (*Magister magistrorum*), s Rodžerom Bekonom (*Doctor admirabilis*). Po rasponu znanja, jednak moćnom Bazilu Valentinu, milostivom Flamelu, nadilazi ih dvema odlikama, eminentno naučnim i filosofskim, koje ga krase u najvišem stepenu savršenstva: skromnošću i iskrenošću.

KRUŽNI KRST U ENDAJI

Pogranični gradić u baskijskoj zemlji, Endaja grupiše svoje kućice podno obronaka Pirineja. Uokviruju ga zeleni okean, široka, brza i blistava Bidasoa, travnata brda. U dodiru sa ovim oporim i grubim tlom, prvi utisak je prilično mučan, bezmalo neprijateljski. Na horizontu, ponad mora, predgorje – okeržuto pod sirovim svetlom – kojeg Fuenterabija zariva u sinje i leskajuće vode zaliva, jedva da remeti prirodnu strogost divljeg kraja. Sem španskog karaktera njegovih kuća, lika i idioma njegovih stanovnika, posebne privlačnosti žala s narojenim oholim vilama, Endaja nema ništa što bi privuklo pažnju turiste, arheologa ili umetnika.

Polazeći od stanice, seoski drum uz železničke šine vodi do parohijske crkve u centru mesta. Njeni goli zidovi, s boka zakriljeni masivnim, četvorougaonim i zarubljenim tornjem, dižu se na trgu, do kojeg vode nekoliko stepenika, oivičenom drvećem s bujnim krošnjama. Narodsko zdanje, teško, prepravljano, nimalo interesantno. Međutim, blizu bočnog krila crkvene lađe, smerni kameni krst, neobičan koliko jednostavan, skriva se u zelenilu trga. Nekada je ukrašavao mesno groblje, a tek 1842. godine prenesen je blizu crkve, na mesto koje danas zauzima. Tako nam barem tvrdi starac Baskijac koji je dugi niz godina službovao kao crkvenjak. Poreklo krsta je, pak, nepoznato i nemogućno je dobiti ma i najmanje obaveštenje o vremenu njegovog podizanja. Ipak, polazeći od forme podnožja i samoga stuba, mislimo da on ne bi mogao biti stariji od kraja 17. veka ili početka 18. Bez obzira na njegovu starost, po dekoraciji njegovog postolja, krst u Endaji je jedinstveni spomenik prvobitnog milenarizma, najređi simbolički prikaz hilijazma kojeg smo ikada sreli. Znano je da je ta doktrina, koju su Origen, sveti Dionisije iz Aleksandrije i sveti Jeronim najpre prihvatili, a potom pobijali, i bila oštro osuđena od strane Crkve, činila deo ezoteričkih tradicija drevne Hermesove filosofije.

Naivnost bareljefa na krstu, neukost u njihovom oblikovanju, navode na pomisao da lapidarni amblemi nisu delo nekog profesionalca s dletom. No, zanemarimo li estetiku, moramo priznati da je nepoznati klesar tih slika otelovio duboku nauku i stvarne kosmografske spoznaje.

Na horizontalnoj prečki krsta, grčkog krsta, nalazimo natpis neobično uklesan ispupčenim slovima u dva paralelna reda, s rečima gotovo spojenim. Uz poštovanje rasporeda, on glasi:

OCRUXAVES
PESUNICA

Sl. 47 : Endaja (Donji Pirineji) – Kružni krst

Rečenicu je, svakako, lako rekonstruisati, s dobro poznatim značenjem: O *crux ave spes unica* [Zdravo da si, krstu, jedina nado]. Međutim, prevodimo li kao učenici, nećemo razumeti na šta se ciljalo, na nogu ili krst, i takvo obraćanje moglo bi nas iznenaditi. Morali bismo, u stvari, nebrižljivost i neznanje podvesti pod preziranje elementarnih gramatičkih pravila. *Pes*, muški nominativ, traži adjektiv *unicus* koji je istog roda, a ne žensko *unica*. Moglo bi izgledati, dakle, da je deformacija reči *spes*, nada, u *pes*, noga, ispuštanjem početnog konsonanta, nehotični rezultat apsolutnog nedostatka prakse kod našeg kamenoresca. Ali, da li neiskustvo doista opravdava takvu neobičnost? Ne možemo to da prihvatimo. U stvari, poređenje motiva izvedenih istom rukom i na isti način pokazuje očiglednu brigu za normalno smeštanje, brigu i u pogledu rasporeda i pogledu uravnoteženosti. Zašto bi se u slučaju natpisa postupalo s manje osetljivosti? Kada ga pažljivo ispitamo, možemo da ustanovimo da su slova jasna, ako ne i elegantna, i da se ne zajahuju (sl. 47). Naš klesar ih je nesumnjivo ocrtao prethodno kredom ili ugljenom, a ta činjenica nužno uklanja svaku pomisao o nekoj omašci tokom klesanja. No, budući da već postoji, konsekventno je zaključiti da je ta *prividna* omaška svesno željena. Jedini razlog koji bismo mogli da prizovemo jeste da je to učinjeno *namerno*, pod maskom neobjašnjive omaške, i da je namenjeno da podstakne radoznalost posmatrača. Kazaćemo, ukratko, da je, po nama, autor svesno i hotimice baš tako složio epigraf svog zbunjujućeg dela.

Ispitivanje postolja nam je već razjasnilo zagonetku, i mi smo znali na koji način i uz pomoć kojeg ključa je valjalo čitati hrišćanski natpis na spomeniku. Ali, hteli smo da istraživačima pokažemo kako im, u rešavanju zagonetnih stvari, naruku mogu ići zdrav razum, logika i zaključivanje.

Slovo S, koje izuvijani oblik posuđuje od zmije, odgovara slovu *khi* (C) iz grčkog jezika i poprima njegovo ezoteričko značenje. To je helikoidalni trag Sunca koje je dospelo do zenita svoje krivulje u prostoru, tokom cikličke katastrofe. To je teorijska slika *zveri Apokalipse*, zmaja koji, u vreme Poslednjeg suda, bljuje vatru i sumpor na makrokosmičku tvorevinu. Zahvaljujući simboličkoj vrednosti slova S, namerno izmeštenog, shvatamo da natpis mora biti preveden u tajnom jeziku, to jest u *jeziku bogova* ili *jeziku ptica*, i da njegovo značenje treba otkriti pomoću pravila *Diplomatije*. Nekoliko autora ih je, naročito Grase d'Orse u analizi *Polifilinog sna* (objavljenoj u *Britanskoj reviji*), izložilo prilično jasno, prišteđujući nam da govorimo o njima. Pročitaćemo, dakle, *na francuskom*, jeziku diplomata, latinski kako je napisan, a zatim ćemo, permutovanjem vokala, dobiti asonancu od novih reči koja ustrojava drugu rečenicu, te ustanoviti njen pravopis i red reči, kao i literarno značenje. Na taj način proizilazi sledeći iskaz: *Pisano je da život nalazi pribežište u jednom jedinom prostoru* [*Il est écrit que la vie se réfugie en un seul espace*].[1] I tako učimo da postoji dolina u kojoj čovek neće umreti u strašno doba dvostruke kataklizme. Što se tiče geografskog položaja te obećane zemlje, gde će izabrani čekati na povratak zlatnog doba, na nama je da ga nađemo. Jer, izabrani, deca Elijina, biće spasena, onako kako se kazuje u Svetom pismu. Pošto je njihova vera duboka, njihova nesalomiva istrajnost će biti nagrađena time što će biti uzdignuti u red učenika Hrista-Svetlosti. Oni će nositi njegov znak i primiće pozvanje da u preporođenom čovečanstvu obnove lanac tradicije nestalog čovečanstva.

Prednja strana krsta – koja primi tri strašna klina što za kleto drvo pribiše bolno telo Iskupiteljevo – određena je natpisom INRI, izgraviranom na poprečnoj gredi. On odgovara shematskoj slici ciklusa predočenog na podnožju (sl. 48). Ovde imamo, dakle, dva simbolička krsta, oruđa iste muke: gore, božanski krst, izabrano sredstvo ispaštanja; dole, krst zemaljske kugle, koji određuje pol *severne polulopte* i koji u vremenu situira sudbonosno doba spomenutog ispaštanja. Bog Otac u ruci drži tu kuglu natkriljenu *ognjenim znakom*, a četiri velika veka – istorijske figure četiri razdoblja sveta – imaju svoje vladare prikazane sa istim atribu-

---

[1] Latinsko *spatium* znači *mesto, prostor*, kako to kazuje Tacit. To odgovara grčkom Χοριον, s korenom Χορα, *zemlja, dolina, teritorija*.

Sl. 48 : Endaja – Kružni krst / Četiri lica postolja

tom: Aleksandar, Avgust, Karlo Veliki, Luj XIV.[1] O tome govori epigraf INRI, koji egzoterički preveden znači *Iesus Nazarenus Rex Iudaeurum* [Isus Nazarećanin, Kralj Jevreja], ali koji krstu predaje svoje tajno značenje: *Igne Natura Renovatur Integra* [Vatrom se Priroda Cela Obnavlja]. Jer, upravo će putem vatre i u vatri samoj naša polulopta biti ubrzo iskušana. I baš kao što se putem vatre zlato odvaja od nečistih metala, tako će se, kaže Pismo, dobri odvojiti od rđavih na veliki dan Poslednjeg suda.

Na svakoj od četiri strane postolja je različiti simbol. Na jednoj je slika Sunca, na drugoj – slika Meseca. Treća prikazuje veliku zvezdu, a četvrta geometrijsku figuru koja nije drugo, kako smo maločas rekli, nego shema odomaćena među inicijatima za karakterisanje solarnog ciklusa. To je prosti krug kojeg dva prečnika, sekući se pod pravim uglom, dele na četiri režnja. U svakom je po jedno A, čime su označena kao četiri razdoblja sveta [*les quatre âges du monde*]. To je potpuni hijeroglif vaseljene, obrazovan od konvencionalnih znakova neba i zemlje, duhovnog i vremenskog, makrokosmosa i mikrokosmosa, i u kojem ponovo otkrivamo, pridružene, glavne ambleme iskupljenja (krst) i sveta (krug).

---

[1] Tri prva su carevi, četvrti je samo kralj, Kralj-Sunce, koji tako obeležava zalazak zvezde i njen poslednji odsjaj. To je sumrak, prethodnik duge cikličke noći, ispunjene stravom i užasom, „strahotom neutešnom".

U Srednjem veku su ove četiri faze velike cikličke periode, čija je neprestana rotacija u starini prikazivana pomoću kruga podeljenog s dva upravna prečnika, predstavljane pretežno likovima četiri jevanđelista ili njihovim simboličkim slovom, grčkim *alpha*, a još češće likovima četiri jevanđeljske životinje koje okružuju Hrista, ljudsku i živu figuru na krstu. To je tradicionalni obrazac i često ga srećemo na timpanonima romanskih portalnih tremova. Isus sedi, levom rukom je oslonjen o knjigu, desnom blagosilja, a lik mu razdvaja četiri životinje koje su u njegovoj sviti po elipsi zvanoj *mistički badem*. Figure ove grupe, uglavnom izdvojene od ostalih prizora ogrlicom od oblaka, uvek su raspoređene na isti način, kao što se može primetiti u katedralama u Šartru (kraljevski portal) i Le Manu (zapadni trem), u crkvi Templara u Luzu (Gornji Pirineji), crkvi u Sivreu (Vijena), na tremu Svetog Trifuna u Arlu itd. (sl. 49).

Sveti Jovan piše: „I pred prestolom beše kao stakleno more slično kristalu; a sred prestola i oko prestola četiri životinje pune očiju spreda i straga. Prva je ličila na lava, druga na junca, treća imaše lice kao lice čoveka, a četvrta je ličila na orla u letu."[1] Te reči su saglasne s Jezekiljevim: „I videh, gle,... veliki oblak i oganj ga okružiše, a svuda okolo sjaj, sred koga, gle, kao metal se pomalja iz ognja; a usred tog ognja kao četiri životi-

---

[1] *Otkrovenje*, gl. 4, st. 6 i 7.

nje... I lica im behu nalik čovekovom; a sve četiri imaše lice lava na desnoj strani, i imaše lice volujsko na levoj strani, i imaše lice orlovsko povrh."[1]

U hinduističkoj mitologiji, četiri jednaka režnja kruga kojeg deli krst služila su kao osnova posebnoj mističkoj koncepciji. Ceo ciklus ljudskog razvića se, po toj koncepciji, otelovljuje u obliku krave koja simbolizuje Vrlinu, a čije četiri noge stoje svaka na po jednom režnju prikazujući četiri razdoblja sveta. U prvom razdoblju, koje odgovara zlatnom dobu kod Grka i koje se naziva *Kreda Juga* ili *doba nevinosti*, Vrlina je čvrsto ukotvljena na zemlji: krava stoji na sve četiri noge. U *Treda Jugi* ili drugom razdoblju, koje odgovara srebrnom dobu, ona slabi i još je samo na tri noge. Tokom *Tuvabara Juge* ili trećeg razdoblja, u bronzanom dobu, ona je spala na dve noge. Najzad, u gvozdenom dobu, našem, ciklička krava ili ljudska Vrlina najslabija je i potpuno iznemogla: jedva održava ravnotežu na jednoj nozi. To je četvrto i poslednje razdoblje, *Kali Juga*, doba bede, nevolje i oronulosti.

Gvozdeno doba samo je s jednim pečatom – pečatom *Smrti*. Njegov hijeroglif je kostur sa atributima Saturna: ispražnjeni peščanik, simbol isteklog vremena, i kosa, reprodukovana u brojki sedam, broju transformacije, razaranja, uništavanja. Jevanđelje tog sumornog vremena jeste ono nadahnuto svetim Matejem. *Mat-*

[1] *Jezekilj*, gl. 1, st. 4, 5, 10 i 11.

241

Sl. 49 : Arl – Crkva svetog Trifuna / Timpanon trema (12. vek)

thaeus, grčki Ματθαὶος, što dolazi od Μάθημα, μάθηματος, u značenju *nauka*. Od te reči je poteklo M£qhsij, m£qhsewj, istraživanje, saznavanje, a od manq£nein, *učiti, podučiti se*. To je Jevanđelje po Nauci, poslednje od svih, ali prvo za nas, zato što nas uči da svi mi, osim malog broja izabranih, moramo da nestanemo. I zbog toga anđeo, simbolički pripisan svetom Mateju, zbog nauke koja je jedina kadra da prodre u bedu stvari, bića i njihove sudbine, može čoveka da obdari krilima tako da se on uzdigne sve do spoznaje najviših istina i dospe do Boga.

ZAKLJUČAK

Scire. Potere. Audere. Tacere.

Zoroastar

Priroda ne otvara vrata svetilišta svima bez razlike.

Na ovim stranicama će profani možda otkriti neki dokaz u prilog istinske i pozitivne nauke. No, nismo se zavaravali da ćemo ga preobratiti, jer znamo koliko su predrasude žilave, koliko je silna snaga predubeđenja. Učenik će odavde izvući više koristi, uz uslov, međutim, da ne prezire dela starih filosofa, da brižljivo i sa udubljivanjem proučava klasične tekstove, sve dok ne stekne dovoljno pronicljivosti da bi raspoznao tamna mesta u operativnom priručniku.

Niko ne može očekivati da će zadobiti veliku Tajnu ako svoju egzistenciju ne uskladi s rasponom preduzetih istraživanja.

Nije dovoljno biti studiozan, aktivan i istrajan ako vam nedostaje čvrsto načelo, konkretna osnovica, ako neumereni polet zaslepljuje razum, ako oholost tiraniše prosuđivanje, ako lakomost cvate na crvenkastom iskrenju zlatne zvezde.

Tajanstvena Nauka iziskuje mnogo strogosti, tačnosti, oštroumlja u posmatranju činjenica, zdrav duh, logičan i staložen, živu maštu bez zanosa, plameno i čisto srce. Osim toga, zahteva najveću jednostavnost i apsolutnu ravnodušnost prema teorijama, sistemima, hipotezama, koje se, zbog vere u knjige ili u ugled njihovih autora, prihvataju uglavnom bez provere. Ona hoće da njeni privrženici nauče da misle više svojom glavom, manje tuđom. Stalo joj je, naposletku, da oni tragaju za istinom njenih načela, saznanjem njenog učenja i praksom njenih radova na Prirodi, našoj zajedničkoj majci.

Neprestanim uvežbavanjem sposobnosti posmatranja i zaključivanja, meditacijom, neofit će se uspinjati stepenicima koji vode do svega što je

ZNANJE.

Čedno oponašanje prirodnih postupaka, spretnost udružena sa ingenioznošću, svetla dugog iskustva, osiguraće mu

MOĆ.

Postigavši to, biće mu potrebno i strpljenje, stalnost, nepokolebljiva volja. Smelog i odlučnog, izvesnost i poverenje iznedreni iz jake vere osposobiće ga na svaku

ODVAŽNOST.

Konačno, kada uspeh kruniše mnoge marljive godine, kada njegove želje budu ispunjene, Mudrac će se,

ZAKLJUČAK

prezirući taštine ovog sveta, približiti smernima, razbaštinjenima, svima što rade, pate, bore se, očajavaju i plaču na zemlji. Bezimeni i nemi učenik večite Prirode, apostol večnog Milosrđa, ostaće veran svom zavetu tišine.

U Nauci, u Dobru, Adept mora zauvek

ĆUTATI.

POPIS SLIKA

Frontispis : Sfinga, zaštitnica i vladarica Nauke
Sl. 1 : Bogorodica od Ispovesti, Crna devica iz kripti Svetog Viktora u Marselju
Sl. 2 : Bogorodičina crkva u Parizu – Alhemija
Sl. 3 : Bogorodičina crkva u Parizu – Alhemičar
Sl. 4 : Bogorodičina crkva u Parizu – Misteriozna fontana podno Starog hrasta
Sl. 5 : Bogorodičina crkva u Parizu – Alhemičar štiti atanor od spoljašnjih uticaja
Sl. 6 : Bogorodičina crkva u Parizu – Gavran / Truljenje
Sl. 7 : Bogorodičina crkva u Parizu – Filosofska živa
Sl. 8 : Bogorodičina crkva u Parizu – Salamander / Kalcinacija
Sl. 9 : Bogorodičina crkva u Parizu – Priprema Univerzalnog rastvarača
Sl. 10 : Bogorodičina crkva u Parizu – Evolucija / Boje i procesi Veledela
Sl. 11 : Bogorodičina crkva u Parizu – Četiri elementa i dve prirode
Sl. 12 : Bogorodičina crkva u Parizu – Atanor i Kamen
Sl. 13 : Bogorodičina crkva u Parizu – Povezivanje sumpora i žive
Sl. 14 : Bogorodičina crkva u Parizu – Materije neophodne za spravljanje rastvarača

Sl. 15 : Bogorodičina crkva u Parizu – Nepomično telo
Sl. 16 : Bogorodičina crkva u Parizu – Sjedinjavanje
nepomičnog i isparljivog
Sl. 17 : Bogorodičina crkva u Parizu – Filosofski sumpor
Sl. 18 : Bogorodičina crkva u Parizu – Kohobacija
Sl. 19 : Bogorodičina crkva u Parizu – Poreklo
i ishod Kamena
Sl. 20 : Bogorodičina crkva u Parizu – Poznavanje težina
Sl. 21 : Bogorodičina crkva u Parizu – Kraljica
obara Merkura, *Servus Fugitivus*
Sl. 22 : Bogorodičina crkva u Parizu – Saturnov režim
Sl. 23 : Bogorodičina crkva u Parizu – Tema Mudraca
Sl. 24 : Bogorodičina crkva u Parizu – Ulazak u svetilište
Sl. 25 : Bogorodičina crkva u Parizu – Rastvaranje / Borba
dveju priroda
Sl. 26 : Bogorodičina crkva u Parizu – Planetarni metali
Sl. 27 : Bogorodičina crkva u Parizu – Pas i golubice
Sl. 28 : Bogorodičina crkva u Parizu – *Solve et Coagula*
Sl. 29 : Bogorodičina crkva u Parizu – Kupalište za
zvezde / Kondenzacija Univerzalnog duha
Sl. 30 : Bogorodičina crkva u Parizu – Filosofska živa
i Veledelo
Sl. 31 : Kapela svetog Tome Akvinskog
– Simbolički grb (XIII vek)
Sl. 32 : Sveta kapela u Parizu – Pokolj nevinih
Sl. 33 : Katedrala u Amijenu – Vatra točka
Sl. 34 : Katedrala u Amijenu – Filosofsko kuvanje
Sl. 35 : Katedrala u Amijenu – Petao i lisica
Sl. 36 : Katedrala u Amijenu – Prve materije
Sl. 37 : Katedrala u Amijenu – Rosa filosofa

POPIS SLIKA

Sl. 38 : Katedrala u Amijenu – Zvezda sa sedam zrakova
Sl. 39 : Burž – Dvorac Žaka Srca / Školjka iz Kompostela
Sl. 40 : Burž – Dvorac Žaka Srca / Grupa Tristana i Izolde
Sl. 41 : Burž – Zgrada Lalman / Posuda za Veledelo
Sl. 42 : Burž – Zgrada Lalman / Predanje
o svetom Hristiforu
Sl. 43 : Burž – Zgrada Lalman / Zlatno runo
Sl. 44 : Burž – Zgrada Lalman / Kapitel
stuba nosača (desna strana)
Sl. 45 : Burž – Zgrada Lalman / Tavanica kapele (fragment)
Sl. 46 : Burž – Zgrada Lalman / Enigma kredenca
Sl. 47 : Endaja (Donji Pirineji) – Kružni krst
Sl. 48 : Endaja – Kružni krst / Četiri lica postolja
Sl. 49 : Arl – Crkva svetog Trifuna / Timpanon
trema (XII vek)

O AUTORU I NJEGOVOJ MISTERIJI

O samom Fulkaneliju ništa se pouzdano ne zna, ili jedva nešto. Toliko je malo i, reklo bi se, varljivih svedočanstava o njemu da nije teško pomisliti da on možda nikada i nije postojao. Pa ipak, šta god pomislili, on je autor knjige pred vama, neuporedivog dela o skrivenom, ezoteričkom jeziku katedrala. Njegovo ime, Fulkaneli, po svemu sudeći je umetničko ime, izabrano da skriva istinski i već nedokučivi identitet te tajanstvene osobe koja se bavi okultnom disciplinom za koju ovovremeni učenjaci, ako im ona još uopšte pada na pamet, veruju da je davno izumrla. Fulkaneli je, naime, alhemičar, i to jedini autentični alhemičar dvadesetog stoleća za koga znamo. Među onima koji znaju, takav sud je jednodušno prihvaćen, i jasno ga je izrazio Klod d'Iže, sažimajući bezuspešnu potragu za našim autorom, pedesetih godina u časopisu *Inicijacija i Nauka*: „Mišljenje najupućenijih i najkvalifikovanijih jeste da je onaj koji se skriva ili prerušava još i u naše dane pod glasovitim pseudonimom Fulkaneli – najčuveniji i nesumnjivo jedini istinski (možda poslednji) alhemičar ovoga veka u kojem kraljuje atom."

U koautorskoj knjizi Luisa Pauelsa i Žaka Beržijea, *Le Matin des Magiciens*, koja je šezdesetih i sedamdesetih godina imala milionske tiraže i bila prevedena na desetine i desetine jezika, navodi se jedan verodostojan susret za koji se osnovano tvrdi da je mogao biti susret s Fulkanelijem. Beržije je, naime, kao nuklearni hemičar bio od 1934. do 1940. godine saradnik glasovitog naučnika Andrea Helbronera (ubijenog, inače, u logoru Buhenvald 1944. godine). Helbroner je vodio veliku francusku laboratoriju za nuklearnu fiziku, a bio je i zakleti sudski veštak u slučajevima transmutacije elemenata. I tako je bio u prilici da upozna mnoge lažne alhemičare i svakojake šarlatane, a sa njim i Beržije. Naime, na Helbronerovu molbu Beržije je primio izvesnu tajanstvenu osobu koja nije želela da mnogo govori o sebi. Ipak, po nekim verodostojnim znacima, moglo se zaključiti da je u pitanju legendarni alhemičar poznat pod pseudonimom Fulkaneli. Ovaj je već bio poznat po dva veličanstvena dela, čija prva izdanja datiraju iz 1926, odnosno 1930. godine, *Misterija katedrala* i *Staništa filosofa*. Obe knjige su objavljene zahvaljujući brizi Ežena Kanzelijea, koji se javnosti predstavio kao Fulkanelijev učenik, odbijajući da ikada istinski otkrije identitet svoga učitelja (zanimljivo je da Vasko Popa, ovdašnji pesnik, ima pesmu u kojoj evocira svoj navodni susret s Kanzelijeom; o tome više videti u mome tekstu „Teorija oblaka" u knjizi *Poetika rastrojstva*, 1987). Pre nego što su rečene knjige ugledale svetlo dana, njihov autor je nestao. A sad se odjednom pojavljuje u laboratoriji pariskog Društva za gas gde ga Beržije prima.

Nestao? Kako? Zašto? Kanzelije piše 1925. godine, uoči pojave *Misterije...*: „Da li je mogao, dospevši do vrhunca saznanja, odbiti da se potčini nalozima Sudbine? Niko nije prorok u svome selu. Ta stara izreka odaje možda okultni razlog potresa kojeg izaziva, u samotničkom i učenjačkom životu filosofa, iskra otkrovenja. Pod dejstvom tog božanskog plamena, starac je potpuno istrošen. Ime, porodica, domovina,

www.ingramcontent.com/pod-product-compliance
Lightning Source LLC
Chambersburg PA
CBHW062156080426
42734CB00010B/1707

kontaktu s Fulkanelijem, kao i da je upravo taj umetnik upoznao Kanzelijea sa alhemičarem. Zatim, smatrano je da je Fulkaneli zapravo Kanzelije lično. Neki su, pak, bili mišljenja da je Fulkaneli puka izmišljotina, mitska, nepostojeća ličnost. Ali, takve tvrdnje se suočavaju sa činjenicom da *Misterija katedrala* ipak postoji, i da je opšteprihvaćeno da je njen autor osoba koja je daleko odmakla u alhemijskim istraživanjima i znanjima. Premda je istina da je Fulkaneli takoreći isparo, njegovi značajni prilozi alhemijskoj literaturi ostaju trajno. A s njima, i on. Kao što su gotske katedrale tajni udžbenici skrivenog alhemijskog znanja, tako je, recimo, i *Misterija katedrala* svojevrsno tajno skrovište enigmatskog Fulkanelija. „Fulkanelija nema više. Ipak, i u tome je naša uteha, njegova misao ostaje, vatrena i živa, zatvorena zauvek na ovim stranicama kao u svetilištu."

Pripremio J. A.

na, on je izgledao kao čovek od pedeset. U svakom slučaju, ni najmanje nije bio stariji od mene."

Sam Kanzelije je ponudio još jedan dokaz o Fulkanelijevom postojanju. U prisustvu slikara Žilijena Šampanja i hemičara Gastona Sovaža, on je septembra 1922. godine, u laboratoriji u Sarselu, izveo transmutaciju 100 grama zlata pomoću neznatne količine projektivnog praha koji je dobio od svoga učitelja. Autentičnost tog zlata je nedvosmisleno potvrđena. (O sličnom događaju i iskustvu doktora Žan-Frederika Švajcera, zvanog Helvecijus, tokom 1666. godine, prevodilac *Misterije katedrala* piše usred svojih najintenzivnijih ezoteričkih istraživanja, posebno alhemijskog inženjeringa i upotrebe tajnih jezika, u „Spinozi i alhemiji", napisu preštampanom u knjizi *Uništiti posle moje smrti*, samo u izdanju iz 1993!)

Kako god bilo, u *Misteriji katedrala*, napisanoj 1922. godine, Fulkaneli govori kao neosporni autoritet u oblasti alhemije. Ukratko, kao neko ko zna. Njegovi opisi alhemijskih procesa po svim znacima ukazuju da ih iznosi neko ko je i sam prošao kroz te procese, čak kao neko ko je primio Božji dar sa zavetom ćutanja. Sam pak dar alhemijske inicijacije, prema Kanzelijeovim rečima iz 1957. godine, pisac ove knjige je primio od Bazila Valentina, autora *Dvanaest ključeva filosofije*, koji je otuda ne samo prvi nego, veli Kanzelije, i istinski *inicijator* Fulkanelija.

Istraživači su umišljali da je Fulkaneli član bivše francuske kraljevske porodice Valoa, te da je slikar Žilijen Šampanj. Šampanj je, inače, i sam imao priliku da se sretne sa alhemičarem, a ovaj mu je i poverio posao ilustrovanja njegovog dela. Štaviše, zna se da je još 1905. godine Šampanj bio u

je otkrio 1974/75. godine i, tad već inicijat Bratstva, prisvojio na čudesan način, ali o toj zgodi biće možda reči jednom, i na drugom mestu (u njegovoj zbirci povesti pod naslovom *Bratstvo Heliopolis,* a koja čeka velikodušnu dozvolu da bude obelodanjena, ali do danas odobrenje nije dobijeno od velikog majstora Bratstva).

Kanzelije je učio kod Fulkanelija, počevši od 1915. godine, a onda je učitelj, ranih dvadesetih godina, poverio učeniku svoj rukopis sa zadatkom da ga objavi. Zatim je učitelj nestao. Rukopis u pitanju jeste sad već čuvena *Misterija katedrala.* Pojava dela je izazvala ogromno uzbuđenje u ezoteričkim krugovima Evrope. Iz samog dela je očigledno da je njegov autor ne tek obični znalac nego čovek koji je po svemu sudeći uspeo da izvede Veledelo, *Magnum Opus,* da stvori Kamen mudrosti, ili da se Prosvetljenju veoma primakne. Mnogi su počeli da tragaju za tim čudotvoračkim majstorom, i tako je bilo idućih pola stoleća. Uzalud. Niko nije čak ni najmanji njegov trag mogao da otkrije. Tada je zaključeno da Fulkaneli, čak i ako je postojao, mora da je već mrtav. Prema Kanzelijeovom opisu, još dok je učio kod Fulkanelija, ovaj je već izgledao kao da ima osamdeset godina, bez obzira na njegovu i tada izuzetnu vitalnost.

Pa ipak, posle niza decenija, i sam već star, Kanzelije prima poruku od svoga učitelja alhemije. Fulkaneli mu zakazuje sastanak. Sastanak nije dugo trajao, i posle njega alhemičar je ponovo iščezao, ne ostavljajući za sobom nikakav podatak o svome prebivalištu. Sam Kanzelije, docnije opisujući susret, iznosi čudnovatu stvar: „Ako je Majstor ranije izgledao kao osamdesetogodišnjak, sada, posle trideset godi-

već učestvuje u posmatranoj pojavi. To pokazuju relativitet, načela neodređenosti... Tajna alhemije je u tome da postoji sredstvo za manipulisanje materijom i energijom tako da se proizvede ono što savremeni naučnici nazivaju polje sila. To polje sila deluje na posmatrača i smešta ga u povlašćenu situaciju s obzirom na vaseljenu. Iz te pozicije, on ima pristup uobičajeno skrivenim realijama, kao što su prostor i vreme, materija i energija. I to alhemičari nazivaju Veledelo.

– A šta je s pravljenjem zlata?

„To su samo primene, posebni slučajevi", odvrati Fulkaneli. „Suština nije transmutacija metala, nego transmutacija samog eksperimentatora. To je drevna tajna koju mnogi tek danas otkrivaju."

„I šta onda postaju?"

„Saznaću to možda jednom", reče na odlasku Fulkaneli.

Tako se okončao taj, blago rečeno, neobični susret. Nema razloga da ne verujemo Beržijevom izveštaju, a još manje da je Fulkaneliju bila apsolutno jasna sudbina koja čeka našu planetu. Sve izrazitija zatrovanost zemlje na kojoj živimo posvedočava istinitost Fulkanelijevog znanja, ili barem njegovih zlih slutnji.

Prva izdanja obe spomenute Fulkanelijeve knjige odavno se ne mogu više naći. I do sledeće njihove pojave (pedesetih godina, u ograničenom tiražu od tri stotine, zahvaljujući izdavaču pod nazivom *Književni Omnium*, s Jelisejskih polja u Parizu), 1957. godine, kružili su retki primerci, prodavani ispod ruke za desetine hiljada franaka. Najnovije njihovo izdanje potiče od Žan-Žaka Povera, 1964. godine. A ni ovo se više ne može naći, mada je barem još jednom obnovljeno. Pobožni prevodilac na srpski jezik *Misterija katedrala*, knjige

elektricitet ili raspolagali sredstvima za detektovanje. Dakle, nisu mogli da izvedu nikakvu transmutaciju, nisu, dakle, mogli da oslobode nikakvu nuklearnu energiju. Neću sada pokušavati da vam dokazujem ono što maločas rekoh, ali vas molim da gosp. Helbroneru prenesete sledeće: geometrijska mešanja krajnje čistih materija dovoljna su da izazovu oslobađanje atomskih sila, i tu nisu potrebni nikakav elektricitet i slične tehnike. Ograničiću se otuda samo na kratki navod."

Izvadio je knjigu *Tumačenje radijuma* Frederika Sodija i pročitao iz nje: „Mislim da su u prošlosti postojale civilizacije koje su poznavale atomsku energiju i da ih je zloupotreba ove energije totalno uništila."

Zatim je, zamolivši svog sabesednika da razmisli, podsetio da su alhemičari uvek u svojim traganjima vodili računa o moralnim i religijskim aspektima stvari, dok je moderna fizika rođena u 18. veku iz zabave nekoliko gospode i bogatijih libertena, te da je ona nauka bez savesti. Verovao je, dodade, da vredi nekim istraživačima ukazati na ponešto što čine nehotice, ali da nema nikakve nade da će takva ukazivanja uroditi plodom. „Uostalom", zaključi, „nemam potrebe da se nadam."

Beržije nije odoleo. Zapitao je svog posetioca, ako je on već i sam alhemičar, u čemu se sastoje njegova istraživanja, jer ne može da veruje da poput nekih blesavih maštara provodi vreme pokušavajući da napravi zlato.

Tokom nekoliko minuta se ne mogu sabrati nekoliko hiljada godina alhemije. I kako prevesti u jasan jezik pojmove koji nisu načinjeni za jasan jezik! Ali, alhemičar je ipak uputio na činjenicu da je i u zvaničnoj nauci priznato da je uloga posmatrača sve važnija. Samim posmatranjem, posmatrač

sve iluzije, sve zablude, sve taštine padaju u prašinu. A iz tog pepela, kao feniks pesnika, rađa se nova ličnost. Tako, barem, hoće filosofska tradicija. Moj učitelj je to znao. Iščezao je kada je zazvonio proročanski čas, kad je znak bio ispunjen. Ko bi se, dakle, usudio da izmakne zakonu? Ni ja sâm, uprkos razdiranju i bolnom, ali neizbežnom razdvajanju, ako bi mi kucnuo čas koji je prinudio moga učitelja da se povuče iz slave sveta, ne bih učinio drukčije."

Kako god, Beržije nije sumnjao da je pred njim upravo taj nestali Fulkaneli. I ovaj mu se obratio kao asistentu gosp. Helbronera koji je, reče, u istraživanjima nuklearne energije, blagoizvoleo da ga obavesti o nekim postignutim rezultatima, a naročito kada je u pitanju radioaktivnost elementa polonijuma. „Veoma ste blizu uspehu, kao i, uostalom, neki drugi savremeni naučnici", zaključio je s molbom da iznese svoje upozorenje. „Radovi vaši i vaših kolega strašno su opasni. Nisu rizični samo po vas. Opasni su za celo čovečanstvo. Oslobađanje nuklearne energije je lakše nego što zamišljate. A veštački izazvana radioaktivnost može da zatruje za nekoliko godina atmosferu planete. Osim toga, atomski eksplozivi mogu biti pravljeni već s nekoliko grama metala, i rušiti gradove..." Ove reči su, valja ponoviti, izrečene u doba pre Drugog svetskog rata, svakako pre prve probne atomske eksplozije u Alamou. Potom je misteriozni posetilac podsetio da ono što je upravo rekao potiče iz starijeg znanja: „Alhemičari to znaju odavno."

Beržije se podsmehnuo na tobožnju vezu alhemičara i moderne fizike. Posetilac je mirno reagovao:

„Znam šta biste da kažete, ali to je nevažno. Alhemičari nisu poznavali strukturu atomskog jezgra, niti su poznavali

Fulkaneli • MISTERIJA KATEDRALA Prvo izdanje • Izdavačko preduzeće RAD Beograd, Dečanska 12 • Za izdavača SIMON SIMONOVIĆ • Lektor i korektor MIROSLAVA STOJKOVIĆ • Štampa ELVOD-PRINT, Lazarevac • Primeraka 1000

CIP – Каталогизација у публикацији
Народна библиотека Србије

133.5:54

ФУЛКАНЕЛИ
   Misterija katedrala : ezoteričko tumačenja hermetičkih simbola Veledela / Fulkaneli ; preveo Jovica Aćin. – Beograd : Rad, 2007 (Lazarevac : Elvod-print). – 258 str. : илустр. ; 21 cm. – (Kolekcija Pečat)

Prevod dela: Le Mystere des Cathèdrales et l'interprétation ésotérique des symboles hermétiques du grand œuvre / Fulcanelli. – Str. 251-258: O autoru i njegovoj misteriji / pripremio J. A. - Napomene i bibliografske reference uz tekst.

ISBN 978-86-09-00955-6

a) Алхемија b) Катедрале

COBISS.SR-ID 141945612